DAGMAR VON CRAMM

# GESUND KOCHEN

*unfassbar günstig!*

100 Rezepte

für maximal 2 Euro

DAGMAR VON CRAMM

# GESUND KOCHEN

## *unfassbar günstig!*

**100 Rezepte für maximal 2 Euro**

EMF

EIN BUCH DER
EDITION MICHAEL FISCHER

Linsen-Spinat-Spätzle, S. 34

Brennnesselknödel mit Parmesan, S. 56

Endivie mit Pasta und Bohnen, S. 60

# Inhalt

## APRIL



## MAI



## JUNI

Spargel-Spinat-Ragout, S. 80

Blumenkohlpasta mit Cashew-Carbonara, S. 94

Tofu-Linsen-Bowl, S. 102

Pfannenbrot mit griechischer Füllung, S. 118

Brat-Aprikosen mit Quarkcreme, S. 148

Linsen-Erdnuss-Hummus mit buntem Blech, S. 156

## JULI



## AUGUST



## SEPTEMBER



## OKTOBER

## NOVEMBER



## DEZEMBER

**Süßkartoffelsuppe mit körnigem Frischkäse, S. 182**

**Rote-Beete-Puffer an Selleriepüree, S. 192**

**Buntes Hummus-Board, S. 198**

# VORWORT

„Gesundes Essen kann ich mir nicht leisten“ – das höre ich immer öfter. Kein Wunder: Die Lebensmittelpreise sind explodiert. Gerade frische Lebensmittel wie Obst und Gemüse, aber auch Gesundes wie Öl, Vollkornprodukte, Nüsse, Saaten und Kerne sind davon besonders betroffen. Die Preise stiegen um bis zu einem Drittel! Ebenso unumstritten: Wer weniger in der Kasse hat, der isst auch ungesünder. Aber muss das so sein? Ich finde nicht. Gesund und günstig geht – wenn man saisonal einkauft, einfache Lebensmittel selbst frisch zubereitet und auf die richtige Mischung achtet. Gespart wird bei Fleisch und Fisch, bei Süßkram und Fertigprodukten – das hilft nicht nur der Gesundheit, sondern hat auch einen gewaltigen Spareffekt. Und wenn man es richtig macht, hält sich der Aufwand beim Kochen auch in Grenzen. Das Know-how dazu möchte ich Euch in diesem Buch liefern. Ich habe ein Jahr lang mit meinem Team den Markt erkundet, das günstigste Frischeangebot genutzt, Preise verglichen und getestet, nachgekocht, fotografiert und natürlich am Ende alles aufgegessen. So kann ich Euch versprechen: Mehr als 2 Euro pro Portion kostet kein Rezept – eher weniger. Meine Erfahrungen gebe ich gerne weiter, damit auch Ihr aus der Spirale Sparen gleich schlechter Essen herauskommt – auch ohne große Kocherfahrung und mit Gelinggarantie. Am wichtigsten ist mir, dass es wirklich schmeckt und kein bisschen langweilig ist.

Das verspreche ich Euch – viel Spaß bei Nachkochen!

*Eure Dagmar von Cramm*

# Grundlagen

# GESUNDE ERNÄHRUNG
## – was ist das?

Kein Lebensmittel kann für sich „gesund" sein. Jeder Mensch hat seinen eigenen, individuellen Stoffwechsel, wächst unter unterschiedlichen Bedingungen heran, entwickelt Gewohnheiten und auch Empfindlichkeiten. Es geht eher um das große Ganze. Eine gesunde Ernährung sollte nicht nur unseren Nährstoffbedarf decken und Mangel verhindern, sondern zu unserer Gesundheit beitragen. Sie sollte unsere Abwehrkräfte stärken und helfen, ein gesundes Gewicht zu halten. Darüber hinaus erfüllt Essen noch viele andere Bedürfnisse wie den Wunsch nach Gemeinschaft, Struktur, Ruhepausen – und vor allem natürlich nach Genuss! Eigentlich kann das jeder selbstbestimmt umsetzen. Aber wie wird man all diesen Bedingungen gerecht? Wie kocht man gesund und wohltuend? Die eine ideale Ernährungsform gibt es nämlich nicht – wohl aber individuelle Veranlagungen und Vorlieben. Trotzdem existieren generelle Empfehlungen, die für alle gesunden Menschen gelten. Eine gesunde Ernährung bedeutet:

- Eine ausreichende Energiezufuhr leisten, also so viele Kalorien zuführen, wie der Körper verbraucht – aber auch nicht mehr.

- Dem Körper alle lebensnotwendigen Nährstoffe zur Verfügung stellen, die er braucht, also ausreichend Eiweiß, Kohlenhydrate und Fette, aber vor allem auch Vitamine, Mineralstoffe und mehrfach ungesättigte Fettsäuren.

- Darüber hinaus so viele gesundheitsfördernde Substanzen wie möglich verzehren. Diese sind nicht lebensnotwendig, fördern aber Immunabwehr, einen gesunden Blutfettspiegel, schützen vor Zellschäden und vieles mehr. Dazu gehören Ballaststoffe und bioaktive Substanzen vor allem in pflanzlichen Lebensmitteln, also in Gemüse, Obst, Nüssen und Vollkorn.

- So wenig wie möglich gesundheitsschädliche Substanzen mit dem Essen aufnehmen. Dazu gehören nicht nur Acrylamid, Pestizid- und Schwermetall-Rückstände sowie Krankheitskeime, sondern auch zu viele gesättigte Fette.

- Ausreichend Flüssigkeit zuführen, am besten Wasser.

Um das alles unter einen Hut zu bringen, helfen grobe Richtlinien, die sich an den aktuellen Erkenntnissen der Wissenschaft orientieren. Das bedeutet auch, dass sie sich mit der Zeit verändern, denn die Ernährungsforschung macht Fortschritte und muss die Empfehlungen ständig aktualisieren. Das geht nicht schnell, denn Studien rund um Ernährung brauchen viel Zeit. Im Grunde hilft uns der gesunde Menschenverstand schon weiter: Dass jeden Tag Pommes und Pizza nicht guttun, ist uns klar. Auch ständig Zuckriges zu essen und zu trinken ist nicht gesund.

Aber wieviel Gemüse brauchen wir? Muss es unbedingt Vollkorn sein? Und wie steht es um Ei, Fisch und Fleisch?

### DIE BASICS DER GESUNDEN ERNÄHRUNG

In Deutschland kümmert sich die Deutsche Gesellschaft für Ernährung (DGE) im Auftrag der Bundesregierung um Leitlinien und Regeln zur gesunden Ernährung. Da gibt es einerseits ein großes Werk der „Referenzwerte zur Nährstoffzufuhr", das für alle lebensnotwendigen Nährstoffe die nötigen Mengen angibt – aufgeschlüsselt nach Alter und Geschlecht. Das ist wichtig für die Forschung und Medizin, aber z. B. auch für die Lebensmittelindustrie oder Großküchen in Krankenhäusern, Pflegeheimen, Kitas und Schulen.

Für die Praxis wichtiger sind konkrete Empfehlungen. Und da gibt es einige Neuerungen, bei denen auch die Nachhaltigkeit der Ernährung mit berücksichtigt wird.

*Der DGE-Ernährungskreis zeigt auf einen Blick wie eine gesunde und ökologisch nachhaltige Ernährung aussieht. Er ist damit eine Art Wegweiser mit Beispielen für eine optimale Lebensmittelauswahl. Die Größe der Lebensmittelgruppe veranschaulicht dabei den Anteil an der Ernährung. Je größer eine Lebensmittelgruppe ist, desto mehr kann daraus gegessen werden. Empfehlenswert ist es, innerhalb der Gruppen die Vielfalt an Lebensmitteln zu nutzen und abwechslungsreich zu essen. Eine gesunde und umweltschonende Ernährung ist zu mehr als ¾ pflanzlich und knapp ¼ tierisch.*

Wir essen ja nicht einzelne Vitamine oder Mineralstoffe, sondern Lebensmittel. Deshalb sind die praktischen Empfehlungen auch darauf bezogen, also lebensmittelbasiert. Im DGE-Ernährungskreis sind sie nach Gruppen sortiert. Den Löwenanteil machen pflanzliche Lebensmittel aus:

Im grünen Bereich Gemüse und Obst, dann kommt ein olivgrünes Segment mit Nüssen und Hülsenfrüchten und im braunen Teil Getreide und Kartoffeln.

Auch das Fett sollte größtenteils aus pflanzlichen Quellen stammen. Dann folgen im blauen Teil die tierischen Lebensmittel, die vor allem für die Eiweißzufuhr wichtig sind: Milch und Milchprodukte, Ei, Fisch und Fleisch.

Aber warum überhaupt? Sind Fisch und Fleisch für eine gesunde Ernährung unverzichtbar? Tatsächlich geht es auch ohne – aber der Kreis orientiert sich auch an unseren aktuellen Essgewohnheiten. So sind die kleinen Mengen Fisch und Fleisch kein Muss in der gesunden Ernährung, wenn ausreichend Eiweiß durch Milchprodukte, Nüsse und Saaten, Vollkorn und Ei geliefert wird. Bei einer vollwertigen vegetarischen Ernährung ist das der Fall und gleichzeitig nachhaltiger.

## VEGETARIER LEBEN LÄNGER

Tatsächlich gab es große Studien, die nachweisen konnten, dass Vegetarier ein geringeres Risiko haben, an Herz-Kreislauferkrankungen, Diabetes oder Krebs zu erkranken. Männer lebten in der Adventisten-Studie etwa 7 Jahre und Frauen 4 Jahre länger als die fleischessenden Zeitgenossen. Wenn man alle Studien vergleicht, haben Vegetarier ein um etwa 10 % geringeres Sterberisiko als Allesesser.

Tatsächlich leben Vegetarier aber insgesamt gesünder: rauchen seltener, trinken weniger Alkohol, bewegen sich mehr, essen mehr Gemüse und Vollkorn. Auch das führt zu der höheren Lebenserwartung.

## WICHTIGE NÄHRSTOFFE AUS PFLANZLICHEN QUELLEN

Vegetarische Ernährung bietet zahlreiche gesundheitliche Vorteile durch eine reichhaltige Versorgung mit wasserlöslichen Vitaminen, bioaktiven Substanzen und Ballaststoffen. Diese Nährstoffe stärken das Immunsystem, unterstützen das Nervensystem, helfen bei der Gewichtskontrolle und fördern das Zellwachstum. Fleisch und Fisch sind reich an essenziellen Nährstoffen wie Protein, Zink und Eisen und Milchprodukte liefern viel Kalzium. Pflanzliche Lebensmittel können diese Bedürfnisse ebenfalls abdecken, die Nährstoffe sind jedoch oft für unser Verdauungssystem nicht so leicht verfügbar. Schonendes Garen und eine gute Mischung verbessert ihre Bioverfügbarkeit. Außerdem essen wir von Gemüse und Getreide einfach größere Mengen, weil sie kalorienärmer sind. Das gleicht es mehr als aus. Insgesamt liefert eine gut geplante vegetarische Ernährung alle notwendigen Nährstoffe, die für eine optimale Gesundheit erforderlich sind. Vielseitigkeit und Ausgewogenheit sind dabei entscheidend.

- **Hülsenfrüchte**, wie Linsen und Kichererbsen, sind hervorragende Protein- und Eisenquellen. Sie sind vielseitig einsetzbar und können in einer Vielzahl von Gerichten verwendet werden. Hülsenfrüchte bieten eine gute Grundlage für eine ausgewogene vegetarische Ernährung.

- **Sojaprodukte**, wie Tofu, Tempeh, Miso und Sojamilch, sind ebenfalls reich an Protein und enthalten gesunde Fette. Sie sind vielseitig und können in vielen Gerichten verwendet werden. Es wird jedoch empfohlen, die tägliche Aufnahme auf 25 g reines Sojaprotein (FDA) zu beschränken, um eine ausgewogene Nährstoffaufnahme sicherzustellen.

- **Vollkorngetreide**, wie Weizen, Hafer und Quinoa, sind reich an Eiweiß, Eisen, Zink und Magnesium. Wichtig ist, dass die Randschicht und Keime des Getreides mitverarbeitet werden, da diese die meisten Nährstoffe enthalten: also Vollkorn. Aber auch halbweißes Mehl (Type 1050) kann eine gute Alternative sein, da es bereits mehr Nährstoffe enthält als weißes Mehl (Type 405), aber ähnlich mild im Geschmack ist. Getreidebeilagen können schnell zubereitet werden. Neben Reis gilt das für Couscous, Bulgur, Polenta, Schnellkochdinkel, Grünkern und Graupen. Diese Körner werden am besten nach der Quellmethode gegart, um alle Nährstoffe zu erhalten. Auch Hafer, Buchweizen und Hirse sind wichtige Bestandteile der vegetarischen Küche und bieten eine gute Eiweißergänzung zu Milchprodukten, Hülsenfrüchten und Nüssen.

- **Kartoffeln** sind tolle Eiweißlieferanten, besonders in Kombination mit Eiern oder Quark. Sie sind vielseitig einsetzbar und können schnell zu Püree, Stampfkartoffeln oder Puffern verarbeitet werden.

- **Nüsse und Samen** sind wahre Kraftpakete und enthalten gesunde Fette, Eiweiß sowie Mineralstoffe wie Eisen, Zink, Kalzium und Magnesium. Nussmus und Tahin bieten vielfältige Möglichkeiten, diese wertvollen Nährstoffe in die tägliche Ernährung zu integrieren.

- Pflanzliche **Fette** sind in der Regel gesünder als tierische, abgesehen von den Fetten aus Fisch. Pflanzliches Fett enthält nie Cholesterin und ist meist reich an gesunden ungesättigten Fetten (Omega 3 und Omega 6). Dabei sind vor allem die Omega-3-Fettsäuren für einen gesunden Blutfettspiegel wichtig. Je fester ein Fett ist, desto mehr gesättigte, also ungesunde Fettsäuren enthält es. Ideal im Fettmix ist das Rapsöl. Auch Walnuss- und Sojaöl, gefolgt von Olivenöl, sind prima.

- Selbst gezogene **Sprossen** aus Hülsenfrüchten und Getreide sind leichter verdaulich und weisen einen hohen Gehalt an Nährstoffen auf. Sie sind eine hervorragende Ergänzung zu einer gesunden vegetarischen Ernährung.

## HOCH VERARBEITETE LEBENSMITTEL

Sie werden auch als HPFs – highly processed foods – bezeichnet und machen bei uns im Durchschnitt bereits die Hälfte der Kalorienzufuhr aus. Es geht dabei um Fertiggerichte wie Pizza, Ravioli, Muffins oder Instantsuppen, aber auch Brot, Pasta, Schokolade oder Fruchtjoghurt. Sie sind einfach zuzubereiten, schnell essfertig und dabei auch meist gar nicht so teuer. Doch in der Regel werden dabei nicht so gesunde Zutaten wie Fructose-Glucosesirup, Stärke, Zucker, Weißmehl, Palmfett, Emulgatoren, Stabilisatoren und Aromen verarbeitet. Der sogenannte „Nova-Score" teilt diese Lebensmittel in 4 Gruppen ein: Von minimal oder unverarbeitete über verarbeitete kulinarische und verarbeitete bis zu hoch verarbeitete Lebensmittel – dabei sinkt der Gesundheitswert. Diese Einteilung bietet allerdings nur eine grobe Orientierung für den Gesundheitswert eines Essens, denn ausschließlich Rohkost zu futtern, ist keinesfalls am gesündesten. Doch eines zeigen alle Untersuchungen: Wer viele hochverarbeitete Lebensmittel isst, wird häufiger krank und die Lebenserwartung sinkt deutlich.

## SELBST KOCHEN IST GESUND!

Denn dann kann man natürliche, frische Lebensmittel verwenden und weiß, was am Ende auf dem Teller landet. Keine Zeit, jeden Tag frisch zu kochen? Mit ein bisschen Planung und Prep-Küche kann man gleich die doppelte Menge kochen für 2 Tage. Oder man friert die zweite Portion ein – für Tage, an denen die Zeit knapp ist. Wichtig: Die Vorratsportion schnell kalt stellen, kühl lagern und danach zügig erhitzen und aufkochen. Warm halten oder lagern ist dagegen tödlich für Vitamine und fördert die Vermehrung schädlicher Keime.

Wie man kocht, hat natürlich auch einen großen Einfluss auf den Gesundheitsgehalt des Essens. Schonendes Garen ist wichtig, um die wertvollen Nährstoffe, die in frischen Lebensmitteln enthalten sind, zu erhalten. Besonders wasserlösliche Vitamine und Mineralstoffe können beim Kochprozess verloren gehen. Viele Vitamine sind hitzeempfindlich, ebenso wie viele bioaktive Stoffe, die nicht nur Geschmack und Aroma ins Essen bringen, sondern auch unser Wohlbefinden beeinflussen. Diese Substanzen werden bei hohen Temperaturen oft zerstört oder verflüchtigen sich, wie etwa ätherische Öle. Mineralstoffe werden dagegen ausgeschwemmt, wenn man Gemüse, Kartoffeln oder Getreide in viel Wasser gart, das man hinterher weggießt. Deshalb das Nudelwasser am besten für die Sauce verwenden und Gemüse im eigenen Saft garen. Die wichtigsten Basics für schonendes Garen sind: bei niedriger Temperatur, mit wenig Flüssigkeit und möglichst ohne Luftzufuhr.

**Dünsten** bedeutet Garen im eigenen Saft oder mit einer kleinen Menge Flüssigkeit. Diese Methode minimiert den Verlust an Vitaminen: Der Vitamin-C-Gehalt verringert sich dabei bei den meisten Gemüsesorten um etwa 2 %, der Gehalt an Vitamin B1 um nur 10 % – im Gegensatz dazu gehen beim Kochen etwa 35 % der wasserlöslichen Vitamine verloren, da sie ins Kochwasser übergehen, das in der Regel weggegossen wird. Außerdem treten Verluste an Mineralstoffen auf. Wasserhaltiges Gemüse wie Spinat oder Gurken geben während des Dünstens genug Flüssigkeit ab, sodass nur wenig zusätzlich benötigt wird. Andere Gemüsesorten können nach dem Andünsten mit etwas Flüssigkeit abgelöscht werden. Wichtig ist, den Deckel geschlossen zu halten, um die Nährstoffe zu erhalten. Ein schneller Temperaturanstieg auf mindestens 70 Grad ist entscheidend, da diese Temperatur die Enzyme inaktiviert, die Vitamine abbauen. Danach kann das Essen bei milder Hitze weiter gegart werden, um die Nährstoffe bestmöglich zu erhalten.

**Dämpfen** ist eine besonders schonende Methode, bei der Mineralstoffe und 75–80 % der Vitamine erhalten bleiben. Gemüse behält dabei seinen Eigengeschmack und alle bioaktiven Aromen, sodass weniger Salz benötigt wird. Die Lebensmittel – meist Gemüse und Kartoffeln – werden in einem Dämpfeinsatz oder Sieb über kochendem Wasser gegart. Einfach geht es mit einem Dampfgarer.

**Pfannenbraten und Ofengaren** erhält empfindliche Nährstoffe, weil die Zutaten schnell heiß werden. Außerdem entfallen Auslaugverluste. Wichtig: Nicht zu viel Fett verwenden und die Zutaten nicht zu dunkel werden lassen – sonst entstehen nämlich krebsfördernde Stoffe wie Acrylamid und Benzpyren.

Die **Quellmethode** ist für Getreidegerichte perfekt: Es wird nur so viel Flüssigkeit zugegeben, wie das Getreide aufnimmt. Zunächst wird alles aufgekocht, danach die Hitze reduziert und dann lässt man das Getreide bei geschlossenem Deckel ausquellen.

## LICHT, LUFT UND HITZE: DIE GRÖSSTEN VITAMINKILLER

Vitamine sind empfindlich gegenüber Sauerstoff, Licht und Hitze. Sauerstoff kann fettlösliche Vitamine wie A, D und E sowie B1 oxidieren. Licht zerstört Vitamin A, B2, B6 und K, während Hitze besonders B1, B5 und Folsäure beeinträchtigt. Vitamin C ist gegen alle drei empfindlich. Daher gilt:

- Gemüse erst kurz vor dem Garen zerkleinern
- Kochpausen nutzen und Zutaten nicht offen stehen lassen
- Hitze, außer beim Angaren, niedrig halten
- So kurz wie möglich garen
- Deckel auf den Topf setzen

So bleiben möglichst viele wertvolle Inhaltsstoffe der Lebensmittel erhalten. Das tut nicht nur dem Gesundheitswert gut – das Essen schmeckt auch einfach besser!

# SPARSAM UND GESUND KOCHEN – ein Widerspruch?

Billig satt werden geht immer: Nudeln, Milchreis, Pizza, Brot – aber das macht nicht lange satt und enthält zu wenig von dem, was unser Körper braucht: Mineralstoffe, Vitamine, Ballaststoffe, bioaktive Substanzen, essenzielle Fettsäuren und Aminosäuren, also Eiweiß. Stattdessen: Viele Kalorien. Das macht nicht fit, sondern fett, traurig und träge.

Wie oft höre ich: Gesund essen ist nur etwas für Reiche. Gerade Obst und Gemüse ist viel teurer geworden. Vollkorn ist immer teurer als weißes Mehl. Gesunde Süße wie Datteln, Xylit oder Erythrit sind unendlich kostspieliger als weißer Zucker. Auch Käse und andere Milchprodukte schlagen zu Buche. Aber wenn man einige Dinge beachtet, kann man trotzdem eine Menge sparen, ohne auf Qualität zu verzichten. Ich wollte es einfach wissen. Und habe für jeden Monat eines Jahres 8 Rezepte für eine Hauptmahlzeit – eine davon süß – entwickelt, die vollwertig sind und trotzdem pro Portion höchstens 2 Euro kosten – manche auch nur 1 Euro! Wir haben das immer genau nachgerechnet. Natürlich muss man bei den Rezepten die Saison berücksichtigen und einfache Grundlebensmittel wählen. Dann aber klappt es! Und wenn man eben doch ein Gewürz oder eine besondere Zutat nicht im Haus hat? Oder sie zu teuer ist? In einer Tabelle habe ich aufgelistet, was wie ersetzt werden oder sogar ersatzlos gestrichen werden kann.

Das Gute: Selbst Kochen ist nicht nur preiswert, sondern auch gesund. Denn Fertigprodukte schaden nachweislich unserem Darmmikrobiom – und das wiederum hat Immunschwäche oder gar Depressionen zur Folge. Unsere Ernährung besteht inzwischen zur Hälfte aus solchen Produkten! Zucker und weißes Mehl, gesättigte Fette, Emulgatoren und Stabilisatoren schaden dem gesunden Darm und damit der Gesundheit. Wer selbst kocht, kann diese Lebensmittel vermeiden. Es muss weder aufwändig noch teuer sein – aber klar, es kostet ein bisschen Zeit. Darauf kommt es an:

## SAISONAL KOCHEN

Was Saison hat, ist immer preiswert. Deshalb gibt es am Ende dieses Buches einen Saisonkalender. Dort ist nachzulesen, welches Gemüse oder Obst in welchen Monaten Erntezeit hat. Natürlich kann das schwanken: Nach einem warmen Herbst kann es sogar im Dezember noch super preiswerte Auberginen geben. Dann orientiert man sich eben an den Rezepten von November, Oktober oder sogar September. Dabei hilft auch unser Rezeptverzeichnis, bzw. Register, das auch nach verwendeten Gemüsesorten geordnet ist. Auberginen im Angebot? Dann schnell nachschlagen, welches Rezept passt.

## VEGETARISCH KOCHEN

Auch wenn Fleisch immer noch verboten billig ist, macht es doch einen großen Posten bei den Ausgaben aus. Vor allem, wenn es sich um magere und hochwertige Fleischstücke handelt. Deshalb sind meine gesunden Sparrezepte alle vegetarisch, manche auch vegan. Aber immer vollwertig. Wie ich das schaffe? Indem ich viele Nüsse und Saaten verwenden. Sieger sind dabei vom Preis her immer Erdnüsse. Aber auch ungeschälter Sesam, Leinsamen und Sonnenblumenkerne sind günstig. Kürbiskerne und Nüsse sind wieder teurer – aber immer noch billiger als Fleisch! Außerdem reich an guten Fetten, Eiweiß und vor allem an Zink und Eisen. Fertig gemahlen sind sie oft besonders preiswert – aber darauf achten, ungeschält gemahlene Ware zu nehmen! Sonst fehlen die Ballaststoffe. Mus von Cashews, Mandeln und Sesam ist oft ziemlich teuer. Lieber selbst musen. Und Tahin – also Sesammus – im orientalisch-türkischen Laden kaufen.

Eier und Milchprodukte sind ebenfalls relativ günstig. Wer sparen will, sollte also öfter vegetarisch kochen – das tut nicht nur dem Geldbeutel, sondern auch der Gesundheit gut. Und schmeckt fantastisch!

## TIPPS UND TRICKS FÜR EINKAUF UND ZUTATEN

**Alles verwerten**

- Gerade bei Gemüse gibt es oft viel Abfall. Dabei kann man das meiste mitessen! Bei Kohlrabi, Blumenkohl, Radieschen, Möhren oder Rote Beete gilt: Stiele und Blätter hacken und – je nachdem, wie zart sie sind – mit garen oder später zugeben.
- Bei Kräutern, die für Pesto o. ä. fein püriert werden, immer die Stiele mitverwenden. Sie sind oft sogar sehr aromatisch!
- Aus Schalen, Stielen und Strunk Gemüsebrühe kochen (so lange im TK-Fach sammeln, bis genug zusammen ist). Sie sind in der Regel reich an bioaktiven Substanzen und ausgesprochen wohlschmeckend.
- Aus Apfelschalen lässt sich toller Essig machen. Oder die Schalen getrocknet für Apfeltee verwenden.
- Die Schale von unbehandelten Zitrusfrüchten abreiben und im Schraubglas aufbewahren: Sie sind ein tolles Gewürz!
- Ausgekratzte oder gekochte Vanilleschoten trocknen und entweder zu Vanillepulver mahlen oder in Zucker legen. Der nimmt mit der Zeit das Vanillearoma auf und wird so ein wunderbarer selbstgemachter Vanillezucker.

**Apropos Gewürze**

Die Kritiker von Jamie Oliver und seinen Vorschlägen zur preiswerten Küche hielten ihm besonders vor, er verwende Gewürze und Kräuter, die einfach teuer sind. Stimmt. Deshalb habe ich mich mit Gewürzen zurückgehalten.

Kräuter versuche ich selbst zu ziehen. Die Gewinner sind ganz klar Rosmarin, Salbei und Thymian. Basilikum und Petersilie haben es schwer. Sauerampfer, Majoran und Bohnenkraut können gut mithalten. Gerade im Frühjahr sind Wildkräuter eine preiswerte Alternative. Von Brennnesseln über Giersch bis Vogelmiere, Löwenzahn und Bärlauch. TK-Kräuter sind besonders im Winter viel preiswerter als frische. Fürs Gelingen der Rezepte sind die Kräuter in der Regel nicht entscheidend. Aber sie sorgen für ein tolles Aroma.

**Apropos TK**

Es gibt Gemüse, das tiefgefroren immer günstiger ist als frisch. Und dabei nicht nur ebenso gut schmeckt, sondern auch mindestens genauso gesund ist: Grüne Erbsen, Bohnen und Spinat in jeder Form sind tiefgefroren immer preiswerter – und sparen Zeit und Arbeit.

Bei Brokkoli und Blumenkohl ist es nicht immer so. Und Karotten schmecken frisch einfach viel besser und sind das ganze Jahr über erschwinglich. Gemüse ohne Gewürze und Zusatzstoffe sind meine Favoriten. Nur bei Rahmspinat würde ich eine Ausnahme machen: Der ist von den Zutaten her ok und unschlagbar preiswert, wenn er im Block gefroren ist.

**Gerieben und Gemahlen günstiger**

Reibekäse hat mich verblüfft: Er ist deutlich preiswerter als der Käse am Stück. Und trotzdem aus der Kühltheke 1 A! Ich erkläre mir das so: Randstücke werden zu Reibekäse verarbeitet. Und die sind oft besonders aromatisch. Also, greift zu Reibekäse zum Überbacken, Bestreuen und Verkneten.

**Hülsenfrüchte: Am besten trocken!**

Klar gibt es Kichererbsen aus der Konserve. Aber wer am Vortag weiß, dass er sie essen will, kann sie einweichen und selbst kochen. Das spart nicht nur Geld, sondern auch Schlepperei! Zum selbst berechnen: 100 g getrocknete Kichererbsen ergeben etwa 250 g gegarte.

Auch bei Bohnen gilt: Trocken sind sie am günstigsten – und auch hier türkische Lebensmittelläden bevorzugen.

Linsen in der Dose zu kaufen lohnt sich überhaupt nicht – sie garen einfach sehr schnell. Indische und orientalische Läden sind hier am günstigsten. Es lohnt sich, größere Packungen zu kaufen: Hülsenfrüchte sind unbegrenzt haltbar. Und dann gibt es noch eine tolle Möglichkeit, im Winter preiswert Gemüse zu ziehen: Linsen oder Kichererbsen lassen sich einweichen und ganz einfach zu Sprossen heranziehen. Dazu in einem Schraubglas mit Nylonstrumpf verschließen, zweimal täglich durchspülen und kopfüber in der Küche lagern, bis die kleinen Triebe erste grüne Blättchen zeigen. Der Gehalt an Vitaminen und Mineralstoffe explodiert bei Keimen. Ganz einfach wie frisches Gemüse kurz braten, aufkochen oder überbacken.

**Empfehlenswerte Konserven**

Dosen sind meist günstiger als Gläser, außerdem sind sie, lichtgeschützt, leichter – und heute so beschichtet, dass man sich keine Sorgen mehr um Schadstoffe machen muss. Aber auch die Verpackung im Tetrapack ist ok. Es gibt Konserven, die manchmal besser für bestimmte Rezepte geeignet sind als die frische Ware:

- Tomaten ganz, gehackt und püriert. Tomatenmark ebenfalls.
- Maiskörner
- Sauerkraut
- Saure Cornichons
- Ajvar
- Rote Bohnen und Kichererbsen nur ausnahmsweise

**Brot, Brot, Brot**

Ist ganz schön teuer geworden und wird oft weggeworfen. Dabei ist es ein Tausendsassa der preiswerten, gesunden Küche. Vor allem, wenn es ein gesundes Vollkornbrot ist.

Entweder als altbackenes Brot für Semmelknödel, French Toast oder Croutons verwenden. Oder einfach trocknen, im Leinenbeutel mit dem Fleischklopfer grob zerhauen und im Blitzhacker zu Semmelbröseln verarbeiten. Sie verlängern Puffer und Klöße, eignen sich für Gemüse-Füllungen und als Garnitur geröstet für Kartoffeln, Spargel und Blumenkohl sowie süße Klöße.

Wichtig: Rechtzeitig trocknen, sonst schimmelt das altbackene Brot! Und in Scheiben geschnitten trocknet es schneller und lässt sich nachher besser zerkleinern.

Übrigens: Bei meinen Rezepten ist pro Monat immer ein vollwertiges süßes dabei. Denn kombiniert mit Vollkorn, Milchprodukten und Nüssen und Saaten werden Früchte zu köstlichen Sattmachern.

**Öl**

Natürlich sind kalt gepresste Öle teuer. Aber zum Glück nicht immer so viel gesünder. So haben Raps- und Sojaöl auch als raffiniertes Öl ein gutes Fettsäuremuster, schmecken dadurch neutral und lassen sich in der Küche überall verwenden. Wer Aroma mag, kann mit Olivenöl oder anderen aromatischen Ölen mischen.

**Gute Butter? Sahne?**

Zu Beginn des Ukrainekrieges und der Energiekrise wurde auch Butter unglaublich teuer. Mein Vorschlag: In der Küche eher als Gewürz verwenden, also beim Garen mit Rapsöl strecken. Und aufs Brot einen Mix aus Rapsöl und Butter bevorzugen – dieser Mix ist ohnehin gesünder.

Sahne lässt sich beim Kochen je nach Rezept toll durch Kaffeesahne, Kondensmilch oder Kochsahne ersetzen. Ich weiß, das Image ist schlecht. Aber tatsächlich enthält Kaffeesahne Sahne – und sonst nichts. Allerdings mit 10 % viel weniger Fett als Schlagsahne mit 30 %. Kondensmilch ist konzentrierte und eingedampfte Sahne – sie enthält nicht nur mehr Fett als Milch, sondern auch mehr Mineralstoffe, mehr Eiweiß – und mehr Milchzucker. Deshalb schmeckt sie süßlich. Kochsahne dagegen ist Sahne, die nur 10 % Fett enthält. Beide Produkte gerinnen beim Kochen nicht und sind eine preiswerte Alternative zu Schlagsahne oder Crème fraîche.

# Rezepte

# ROSENKOHL-Süßkartoffel-Curry

Hirse ist eisenreich und so mild, dass sie sich perfekt der Kokosmilch anpasst. Die wiederum sorgt für sättigende Kalorien. Der strenge Rosenkohl bekommt durch die Süßkartoffel mehr Milde. Entzündungshemmende Glucosinolate werden durch das zellschützende Beta-Carotin perfekt ergänzt. Joghurt sorgt für extra Eiweiß.

## NÄHRWERTE

**Zubereitungszeit:** 40 Minuten

**Pro Portion:** 547 kcal, 14,4 g EW, 24,5 g F, 71,8 g KH, 9,3 g BS

**Preis pro Portion:** 1,15 €

## ZUTATEN

*für 4 Portionen*

180 g Hirse

2 EL Rapsöl

400 ml Kokosmilch

Salz, Pfeffer

1 EL Currypulver

500 g Rosenkohl

400 g Süßkartoffel

1 Zwiebel

150 g griechischer Joghurt (10 %)

## ZUBEREITUNG

1. Die Hirse waschen, mit 1 EL Öl anbraten, mit der Kokosmilch und 300 ml Wasser angießen. Mit Salz, Pfeffer und ein wenig Curry würzen, aufkochen und zugedeckt bei kleiner Hitze etwa 20 Minuten ausquellen lassen. Bei Bedarf nach und nach Wasser zugeben.
2. Den Rosenkohl waschen und putzen. Evtl. die äußeren Blättchen entfernen, große Röschen halbieren. Die Süßkartoffeln waschen, schälen und in 2 cm große Würfel schneiden. Die Zwiebel schälen und fein würfeln.
3. Öl in einem Topf erhitzen, etwas Curry mit den Zwiebeln darin anbraten. Rosenkohl zugeben und 3 Minuten andünsten. Sobald es anzusetzen beginnt, mit 100 ml Wasser ablöschen, mit Salz und Pfeffer würzen und zugedeckt ca. 5 Minuten bei kleiner Hitze garen, dann die Süßkartoffeln zugeben und weitere 7 Minuten garen.
4. Wenn das Gemüse gar ist, den Joghurt zugeben, 2 Minuten bei kleiner Hitze ziehen, nicht kochen lassen und mit allen Gewürzen nochmals kräftig abschmecken. Zur Kokoshirse servieren.

**Tipp**

Wer mag, kann statt Süßkartoffeln auch Kürbis verwenden.

€€€ **Spartipp**

Ihr könnt auch zu tiefgefrorenem Rosenkohl greifen, der ist oft etwas günstiger.

# FETA-BOHNEN mit Tomatenreis

Riesenbohnen liefern eine riesen Portion Ballaststoffe – perfekt für unseren Darm und damit auch für unsere Gesundheit. Hirtenkäse versorgt uns mit Eiweiß und der aromatische Tomatenreis macht wohlig warm satt. Perfekt dazu: Frischer grüner Salat.



## NÄHRWERTE

**Zubereitungszeit:** 40 Minuten

**Pro Portion:** 541 kcal, 17,9 g EW, 25,9 g F, 60,2 g KH, 3,6 g BS

**Preis pro Portion:** 1,76 €

## ZUTATEN

*für 4 Portionen*

2 Dosen weiße Riesenbohnen (je 240 g Abtropfgewicht)

2–3 EL Stärke

Salz, Pfeffer

2 EL getrocknete italienische Kräuter

3 EL Olivenöl

2 Zwiebeln

1 Knoblauchzehe

2 EL Tomatenmark

1 EL Honig

200 g Langkornreis

500 g passierte Tomaten

300 ml Gemüsebrühe

250 g Hirtenkäse

## ZUBEREITUNG

1. Den Backofen auf 200 °C vorheizen. Die Bohnen abgießen, mit Stärke, Salz, Pfeffer, 1 EL der Kräuter mischen, sodass alle Bohnen benetzt sind. 2 EL Öl zugeben und verrühren. Bohnen auf ein mit Backpapier belegtes Backblech geben und etwa 20–30 Minuten backen, bis sie knusprig sind.
2. Inzwischen Zwiebeln und Knoblauch abziehen, Zwiebeln in feine Würfel schneiden, Knoblauch fein hacken. Beides mit 2 EL Öl in einer Pfanne glasig dünsten. Tomatenmark, Honig, Salz, Pfeffer und 1 EL Kräuter zugeben, kurz mitbraten. Dann den Reis zugeben. Tomaten und Gemüsebrühe angießen, bei mittlerer Hitze ca. 25 Minuten quellen lassen.
3. Für den Dip den Hirtenkäse mit Pfeffer und 80 ml Wasser cremig rühren. Dann die gebackenen Bohnen mit Feta-Dip, Tomatenreis und grünem Salat servieren.

**Tipp**

Reis und Tomatensauce können auch separat zubereitet werden. Damit ist Tomatenreis eine tolle Idee, wenn eins von beidem vom Vortag übrig ist.

€€€ **Spartipp**

Als Dip zu den Bohnen schmeckt auch Tzatziki oder Kräuterquark.

# POLENTA mit Erdnusssauce

**Zugegeben: Paprika ist nicht saisonal, aber im Januar trotzdem relativ preiswert und reich an Vitamin C. Zusammen mit dem Mais sorgt das für innere Wärme. Die Polenta reicht für 2 Mahlzeiten – die zweite Portion wird am nächsten Tag gebraten.**

## NÄHRWERTE

**Zubereitungszeit:** 1 Std. 10 Minuten

**Pro Portion:** 552 kcal, 22 g EW, 34,9 g F, 42,8 g KH, 8,33 g BS

**Preis pro Portion:** 1,52 €

## ZUTATEN

*für 4 Portionen*

400 g Maisgrieß

1 l Haferdrink

Salz

milde Chiliflocken

1 kleine Dose Zuckermais (285 g Abtropfgewicht)

200 g körniger Frischkäse

2 rote Paprika

4 Zwiebeln

3 EL Rapsöl

1–2 EL Paprikapulver edelsüß

2 EL Tomatenmark

150 g geröstete, gesalzene Erdnüsse

## ZUBEREITUNG

1. Den Maisgrieß mit Haferdrink und 200 ml Wasser zum Kochen bringen. Wird er dicklich, mit Salz und Chili würzen und die Menge teilen. Maisdose öffnen und den Sud zu zwei Dritteln zur ersten Hälfte Polenta gießen. Den übrigen Sud mit Maiskörnern und Hüttenkäse zur anderen Polentahälfte geben. Ein tiefes Backblech mit Backpapier auslegen. Zur Hälfte mit der einfachen Polenta bedecken, zur anderen mit der Hüttenkäsevariante. Für etwa 30 Minuten in den heißen Ofen schieben.
2. Die Paprika waschen, Stielansätze und Kerne entfernen, Zwiebeln schälen. Beides in grobe Würfel schneiden. Im Öl anbraten, Salz, Chili, Paprika und Tomatenmark zugeben und schmoren, bis das Gemüse ansetzt. Dann 100 ml Wasser angießen, zugedeckt etwa 15 Minuten schmoren. Evtl. noch Wasser zufügen. Den Backofen auf 160 °C vorheizen.
3. Inzwischen die Erdnüsse im Blitzhacker zerkleinern und unter das Paprikagemüse ziehen.
4. Die Hüttenkäsepolenta in kleine Quadrate scheiden und mit der Paprikasauce servieren. Die übrige Polenta mit Frischhaltefolie bedeckt bis zum nächsten Tag aufbewahren ( z. B. Rezept Seite 28).

**Tipp**

Polenta mit feuchtem Spachtel verstreichen und vor dem Schneiden etwas stehen lassen, dann schneidet sie sich besser.

€€€ **Spartipp**

Den Maissud möglichst mit verwenden: Er enthält wertvolle Nährstoffe, die beim Lagern aus dem Mais in die Garflüssigkeit wandern.

# POLENTA mit Grünkohl-Tofu-Orange

Grünkohl hat enorm viele Mineralstoffe, wie Calcium und Eisen, extrem viel Vitamin C und antientzündliche Bioaktivstoffe. Mit Orange und Kreuzkümmel bekommt er ein orientalisches Aroma. Das Eiweiß kommt vom Tofu und gebratene Polenta macht satt.

Januar

## NÄHRWERTE

**Zubereitungszeit:** 50 Minuten

**Pro Portion:** 569 kcal, 22,3 g EW, 22,5 g F, 73,9 g KH, 9,34 g BS

**Preis pro Portion:** 1,25 €

## ZUTATEN

*für 4 Portionen*

2 Bio-Orangen

300 g Tofu

1 TL Stärke

1 Zwiebel

600 g Grünkohl (alternativ 500 g TK-Grünkohl)

6 EL Rapsöl

Salz, Pfeffer

1 TL Kreuzkümmel

½ Blech Polenta vom Vortag (Seite 26)

## ZUBEREITUNG

1. Die Orangen waschen, Schale oberflächlich abreiben. Die Orangen dann bis aufs Fruchtfleisch schälen und in kleine Stücke teilen – den Saft dabei auffangen. Tofu in 2 cm große Würfel schneiden, mit Orangenabrieb, -saft und -stücken und der Stärke ziehen lassen.
2. Die Zwiebel schälen und in Würfel schneiden. Grünkohl waschen, abtropfen lassen und grob hacken. Die Zwiebeln in 2 EL Öl anbraten, Grünkohl zugeben und mit Salz, Pfeffer und Kreuzkümmel würzen. Zugedeckt etwa 15 Minuten schmoren. Zur Not etwas Wasser angießen.
3. Die Polenta in etwa 3 x 12 cm große Riegel schneiden. In einer beschichteten Pfanne im Öl nach und nach die Polentariegel von beiden Seiten knusprig braten.
4. Die Tofuwürfel anbraten, dann zum Grünkohl geben und abschmecken. Zu den knusprigen Polentariegeln servieren.

**Tipp**

Klappt auch super mit Wirsing.

€€€ **Spartipp**

Polenta vom Vortag spart Zeit und Energiekosten – und schmeckt gebraten einfach köstlich.

# ORECCHIETTE Szegediner Art

Selbstgemachte Nudeln sind köstlich und einfach. Hier werden sie vollwertig ergänzt durch Sauerkraut, das viel Vitamin C, Ballaststoffe und probiotische Bakterien beisteuert: Gut gegen den Winterblues.

Januar

## NÄHRWERTE

**Zubereitungszeit:** 1 Std. 10 Minuten

**Pro Portion:** 596 kcal, 16,9 g EW, 22,3 g F, 84,9 g KH, 10,6 g BS

**Preis pro Portion:** 1,06 €

## ZUTATEN

*für 4 Portionen*

400 g Hartweizengrieß

Salz

1 Zwiebel

3 EL Rapsöl

2 EL Tomatenmark

1–2 EL Paprikapulver edelsüß

1 Msp. Chilipulver

500 g Sauerkraut

100 g Schmand

1 TL Honig

100 g Hirtenkäse

## ZUBEREITUNG

1. Aus dem Hartweizengrieß, ½ TL Salz und 220 ml Wasser den Nudelteig kneten. Er sollte 30 Minuten zugedeckt ruhen.
2. Inzwischen Zwiebel schälen und in kleine Würfel schneiden. Zwiebel im Öl anbraten, bis sie bräunen. Dann Tomatenmark, Paprika- und Chilipulver zugeben. Zum Schluss das Sauerkraut zufügen, Hitze reduzieren und etwa 5 Minuten zugedeckt schmoren.
3. Nudelwasser in einem großen Topf mit Salz aufsetzen. Den Nudelteig in Rollen von etwa 1,5 cm Durchmesser formen, dann in 0,5 cm dünne Scheiben schneiden. Mit einem Messer (ca. 30 °-Winkel) vom oberen Ende der Scheibe nach unten ziehen. Der Teig wölbt sich dabei, sodass er anschließend umstülpt werden kann, um die raue Oberfläche nach oben zu bringen.
4. Die Orecchiette im kochenden Wasser ca. 4 Minuten ziehen lassen. Mit einem Schaumlöffel herausheben und in einem Sieb abtropfen lassen.
5. Einen Schwupps Nudelwasser zum Sauerkraut geben, dann Schmand und Honig unterrühren und den Hirtenkäse drüber bröseln. Aufkochen und die Nudeln zugeben.

**Tipp**

Ihr könnt die Orecchiette auch trocknen lassen (zwischendurch wenden) und zu einem anderen Zeitpunkt essen.

€€€
**Spartipp**

Hirtenkäse ist günstiger als Feta.

Wer Zeit einsparen möchte, kann die Orecchiette auch fertig kaufen.

# HAFERRISOTTO mit Roter Beete

Hafer ist das weichste Getreidekorn und lässt sich wie Reis garen. Rote Beete braucht ähnlich lang. Meerrettich hat antibakteriell wirkende ätherische Öle: Also besser nicht mitkochen, sie verlieren sonst ihre Wirkung und der Meerrettich seine Schärfe.

Januar

## NÄHRWERTE

**Zubereitungszeit:** 60 Minuten

**Pro Portion:** 512 kcal, 14,1 g EW, 20,8 g F, 60,7 g KH, 11,6 g BS

**Preis pro Portion:** 1,04 €

## ZUTATEN

*für 4 Portionen*

800 g Rote Beete

2 Zwiebeln

3 EL Rapsöl

Salz

300 g Haferkörner

ca. 600 ml Gemüsebrühe

1 Kochapfel

100 g Schmand

100 g Doppelrahm-Frischkäse

1 Stück oder 2 EL ger. Meerrettich

Pfeffer

Apfelessig

## ZUBEREITUNG

1. Rote Beete waschen, schälen und in schmale Spalten schneiden. Zwiebeln schälen, halbieren und klein würfeln. Beides in einem Topf im Öl andünsten, salzen und zugedeckt etwa 5 Minuten vordünsten. Dann die Haferkörner zufügen und mit Gemüsebrühe ablöschen, zugedeckt köcheln lassen. Ab und zu umrühren. Den Apfel waschen, Kerngehäuse entfernen und mit Schale im Blitzhacker grob hacken. Nach ca. 40 Minuten zugeben.
2. Inzwischen den Schmand mit dem Frischkäse mischen, Merrettichwurzel schälen und fein reiben, mit etwas Salz und Pfeffer unter die Käsecreme ziehen.
3. Risotto mit Salz, Pfeffer und Apfelessig abschmecken. Mit der Meerrettichcreme servieren.

**Tipp**

Wenn das Risotto länger steht, quillt es weiter und wird trockener, dann etwas heiße Flüssigkeit zugeben.

**€€€**

**Spartipp**

Im Schnellkochtopf Stufe 2 braucht das Gericht nur etwa 20 Minuten Garzeit.

Meerrettichwurzeln halten im Gemüsefach des Kühlschranks ewig. Wer ihn gerne isst, für den lohnt der Kauf.

# LINSEN-Spinat-Spätzle

Tiefkühl-Blattspinat ist im Winter eine ideale Ergänzung der Veggie-Küche, denn er enthält tatsächlich viel Eisen und Zink. Linsen, Erdnüsse und Spätzle schmecken nicht nur toll, sondern ergeben auch einen besonders hochwertigen Eiweiß-Mix.



## NÄHRWERTE

**Zubereitungszeit:** 30 Minuten

**Pro Portion:** 516 kcal, 22,9 g EW, 24,7 g F, 55 g KH, 8,53 g BS

**Preis pro Portion:** 0,90 €

## ZUTATEN

*für 4 Portionen*

450–500 g Blattspinat (TK)

1–2 Knoblauchzehen

150 g Berglinsen

Salz

1 Lorbeerblatt

200 g Spätzle

60 g geröstete, ungesalzene Erdnüsse

1 Zwiebel

2–3 EL Öl

1 TL Kreuzkümmel

1 TL Kurkuma

Chilipulver

100 g Schmand

## ZUBEREITUNG

1. Spinat aus dem Eis nehmen. Knoblauch schälen und halbieren. Mit den Linsen, 1 TL Salz, Lorbeer und etwa 400 ml Wasser in einem Topf zum Kochen bringen und zugedeckt bei kleiner Hitze etwa 15 Minuten bissfest garen.
2. Inzwischen die Spätzle in reichlich gesalzenem Wasser ebenfalls bissfest garen und danach abgießen.
3. Die Erdnüsse grob hacken. Die Zwiebel schälen und in Würfel schneiden. Das Öl in einer Pfanne erhitzen und die Zwiebeln darin anbraten bis sie bräunen. Dann den angetauten Spinat, Kreuzkümmel und Kurkuma zugeben. Deckel auflegen und den Spinat bei mittlerer Hitze ganz auftauen lassen
4. Linsen mit dem zerdrückten Knoblauch und den Spätzle unter den Spinat ziehen. Mit Salz, Chili und Schmand abschmecken, mit den Erdnüssen toppen.

**Tipp**

Auch tiefgefrorener Spinat darf wieder aufgewärmt werden, wenn er schnell gekühlt und bei Verwendung rasch erhitzt wird. Bei längerem Warmhalten bildet sich Nitrit.

€€€
**Spartipp**

Statt gehacktem Spinat und Schmand Rahmspinat verwenden, das ist günstiger.

# BRATAPFEL-
# gratin mit Datteln

Dieser Auflauf kommt ganz ohne Zucker aus und hat seine natürliche Süße durch Apfelsaft, Zimt und Datteln. Die Polenta macht ihn besonders cremig: Echtes Soulfood!

Januar

## NÄHRWERTE

**Zubereitungszeit:** 60 Minuten

**Pro Portion:** 546 kcal, 18,5 g EW, 24,3 g F, 66,6 g KH, 7,9 g BS

**Preis pro Portion:** 1,29 €

## ZUTATEN

*für 4 Portionen*

300 ml Apfelsaft

Salz

100 g Maisgrieß

200 g Sahne

80 g getrocknete Datteln ohne Kerne

4 große Äpfel (ca. 780 g)

80 g gehackte Mandeln

2 Eier

1 TL Backpulver

½ TL Zimtpulver

200 g Magerquark

Butter für die Form

## ZUBEREITUNG

1. Den Apfelsaft mit 1 Prise Salz und Maisgrieß in einem Topf aufkochen und zugedeckt bei kleiner Hitze ca. 5 Minuten köcheln lassen. Die Sahne unterziehen und die Masse abkühlen lassen.
2. Inzwischen die Datteln grob hacken, mit 100 ml heißem Wasser aufkochen, abkühlen lassen und pürieren. Die Äpfel waschen und mit einem Ausstecher jeweils das Kerngehäuse entfernen. 3 EL Dattelmus und Mandeln verrühren und z. B. mit der Rückseite eines Kochlöffels in die Äpfel drücken.
3. Die Eier trennen. Eigelbe, übriges Dattelmus und Quark verrühren, mit Backpulver und Zimt unter die Polenta rühren. Die Eiweiße steif schlagen.
4. Eine runde Auflaufform (ca. 25 cm ø) mit Butter einfetten. Eischnee unter den Teig heben, in die Form füllen. Die Äpfel hineinsetzen.
5. Im Backofen bei 180 °C Ober-/Unterhitze ca. 30–40 Minuten backen. Wenn es zu dunkel wird, mit Backpapier abdecken. Schmeckt warm und kalt.

**Idee**

**Vanillesauce** dazu servieren: 40 g gehackte Datteln pürieren, mit 1 Msp. Vanillepulver, ½ TL Kurkuma (für die Farbe) und 200 ml Milch erwärmen, aber nicht aufkochen. 10 Minuten quellen lassen. 100 ml süße Sahne steif schlagen, unter die Sauce ziehen und zum Gratin geben.

**€€€**

**Spartipp**

Statt Datteln Rosinen verwenden.

Gerade Anfang des Jahres gibt es Äpfel im Angebot, die sich ohne teures klimatisiertes Lagerhaus nicht so lange lagern lassen.

# FENCHEL-
# Frischkäse-Pasta

Fenchel gibt es jetzt schon aus Italien. Er ist reich an Vitamin C und Eisen, das dadurch besonders gut aufgenommen wird. Seine ätherischen Öle wirken verdauungsfördernd und gegen Blähungen.

Februar

## NÄHRWERTE

**Zubereitungszeit:** 40 Minuten

**Pro Portion:** 539 kcal, 17,3 g EW, 23,7 g F, 67,6 g KH, 7,16 g BS

**Preis pro Portion:** 1,04 €

## ZUTATEN

*für 4 Portionen*

600 g Fenchel

1 rote Zwiebel

1 Zweig Rosmarin

3 EL Rapsöl

Salz, Pfeffer

300 g Nudeln

30 g Cashewkerne oder Cashewbruch

200 g Kräuterfrischkäse

1–2 EL Zitronensaft

## ZUBEREITUNG

1. Fenchel waschen, Schnittfläche nachschneiden und das Grün abtrennen, hacken und beiseite legen. Die Fenchelknolle horizontal halbieren und quer in fingerbreite Scheiben schneiden. Zwiebel schälen und hacken. Rosmarinnadeln vom Stiel streifen, hacken.
2. Zwiebel und Fenchel in 2 EL Öl goldbraun anbraten. Mit Salz, Pfeffer und Rosmarin würzen. Zugedeckt bei mittlerer Hitze schmoren. Wenn nötig, noch etwas Öl zugeben.
3. Inzwischen Nudeln in kochendem Salzwasser al dente kochen, abgießen und das Nudelwasser aufheben. Die Cashewkerne hacken und in einer Pfanne ohne Öl rösten.
4. Kräuterfrischkäse und etwas Pastawasser zum Fenchel geben und mit Zitronensaft abschmecken. Mit den Nudeln mischen oder getrennt servieren. Mit Cashews und dem Fenchelgrün toppen.

**Tipp**

Schmeckt auch toll mit Pinienkernen statt Cashews.

**€€€**

**Spartipp**

Erdnüsse und gelbe Zwiebeln sind preiswerte Alternativen.

# SIEBENBÜRGISCHES Sauerkrautgratin

Die Türken brachten den Reis, die Deutschen das Kraut. Statt Hackfleisch passen auch Sojaschnetzel. Wichtig für Saftigkeit und Sättigung: die Sahne.



## NÄHRWERTE

**Zubereitungszeit:** 35 Minuten
**Pro Portion:** 562 kcal, 27,8 g EW, 25,3 g F, 53 g KH, 11,4 g BS
**Preis pro Portion:** 1,47 €

## ZUTATEN

*für 4 Portionen*

150 g Sojaschnetzel

4 EL Sojasauce

200 g brauner Basmatireis

Salz

1 Zwiebel

1–2 EL Rapsöl

Pfeffer

Paprikapulver

2 EL Tomatenmark

700 g Sauerkraut

200 g süße Sahne

## ZUBEREITUNG

1. Sojagranulat mit Sojasauce und 300 ml heißem Wasser mischen, quellen lassen.
2. Den Reis in einem Topf erwärmen, aber nicht rösten. 350 ml Wasser angießen, 1 TL Salz zugeben und bei mittlerer Hitze zum Kochen bringen. Im geschlossenen Topf bei milder Hitze etwa 10 Minuten ausquellen lassen, er sollte noch bissfest sein.
3. Die Zwiebel schälen, halbieren und klein würfeln. In einer beschichteten Pfanne im Öl glasig dünsten, das Sojagranulat zugeben. Mit Salz, Pfeffer, Paprikapulver und Tomatenmark würzen und unter Rühren braten. Sauerkraut abtropfen, Saft aufheben, das Kraut klein schneiden.
4. Den Backofen auf 200 °C vorheizen. Reis, Sojagranulat und Sauerkraut in einer gefetteten hohen Auflaufform schichtweise verteilen. Dabei mit Sauerkraut beginnen und enden. Das Gratin etwa 30 Minuten im Ofen backen.
5. Die Sahne mit dem Sauerkrautsaft mischen, über den Auflauf verteilen und servieren.

**Tipp**

Sojaschnetzel sind ewig haltbar und ein toller Vorrat. Sie eignen sich für Saucen, wie Bolognese, und Eintöpfe, wie Chili sin Carne, sind gesünder und preiswerter als Hack.

€€€
**Spartipp**

Parboiled Langkornreis verwenden.

# KICHERERBSENBÄLLCHEN *mit Möhren-Hummus*

In puncto Eiweiß ergänzen sich Kichererbsen, Käse, Kartoffeln und Tahin bestens. Für Sättigung sorgen Kartoffeln und Möhren. Kreuzkümmel macht es leichter verdaulich.

Februar

## NÄHRWERTE

**Zubereitungszeit:** 45 Minuten

**Pro Portion:** 558 kcal, 21,4 g EW, 25,4 g F, 66,4 g KH, 11,3 g BS

**Preis pro Portion:** 2,00 €

## ZUTATEN

*für 4 Portionen*

700 g Kartoffeln

600 g Möhren

½ Bio-Zitrone

4 EL Oliven-/Rapsöl

Salz

1 kleine Zwiebel

2 Dosen Kichererbsen (530 g Abtropfgewicht), Garsud für Dip verwenden

200 g Hirtenkäse

Pfeffer

2 TL Kreuzkümmelpulver

2 EL Kichererbsenmehl

2 EL Tahin (Sesampaste)

## ZUBEREITUNG

1. Die Kartoffeln und die Möhren waschen. Die Möhren und Kartoffeln wenn nötig schälen. Die Möhren längs vierteln und in etwa 7 cm lange Sticks schneiden. Die Kartoffeln in ähnlich große Stäbe schneiden. Zitronenhälfte auspressen. Kartoffeln und Möhren mit 3 EL Öl, 1 EL Zitronensaft und etwas Salz in einer Schüssel mischen.
2. Den Backofen auf 180 °C vorheizen. Ein Backblech mit Backpapier auslegen. Kartoffel- und Möhrensticks darauf verteilen und etwa 30 Minuten in den heißen Ofen schieben.
3. Die Zwiebel schälen, mit der Hälfte der Kichererbsen und dem Hirtenkäse im Blitzhacker zermusen. Gewürze untermischen. Ist die Masse zu weich, etwas Kichererbsenmehl zugeben. Mit nassen Händen Bällchen formen, mit Öl beträufeln und 20 Minuten vor Ende der Garzeit zwischen dem Ofen-Gemüse verteilen.
4. Knapp die Hälfte der garen Möhrenpommes mit den restlichen Kichererbsen, 1 EL Öl, übrigem Zitronensaft, Kreuzkümmel, Tahin und so viel Kichererbsen-Sud wie nötig im Blitzhacker fein pürieren. Leicht salzen und als Dip zu Bällchen, Kartoffeln und Möhren reichen.

**Tipp**

Dazu schmeckt auch noch Rohkost wie Gurkenscheiben oder Paprikasticks.

**€€€ Spartipp**

Kichererbsenmehl durch selbstgemachte Semmelbrösel ersetzen.

# CHICORÉE mit Tomatensauce und Pasta

Bitterstoffe machen Chicorée zum leichten Wintergemüse, das die Verdauung anregt. Er behält diese Wirkung auch beim Erhitzen. Ebenso wie die Tomaten, deren Lycopin dadurch noch besser verfügbar wird.

## NÄHRWERTE

**Zubereitungszeit:** 40 Minuten

**Pro Portion:** 511 kcal, 21,2 g EW, 14,2 g F, 79 g KH, 7,42 g BS

**Preis pro Portion:** 1,64 €

## ZUTATEN

*für 4 Portionen*

600 g Chicorée (ca. 3 Chicoréestauden)

4 EL Rapsöl

1 Zwiebel

500 g passierte Tomaten

Salz, Pfeffer

Thymian

250 g Mozzarella

350 g Nudeln nach Wahl, z. B. Penne

## ZUBEREITUNG

1. Chicorée waschen, von welken Blättern befreien und längs halbieren.
2. Chicoréehälften im Öl rundherum scharf anbraten. Die Zwiebel schälen und hacken. Sobald der Chicorée braun wird, die Zwiebeln zugeben und mitbraten. Dann mit den Tomaten ablöschen. Mit Pfeffer, Salz und Thymian würzen.
3. Zugedeckt etwa 15 Minuten schmoren, bis der Chicorée gar ist. Dann den Deckel abnehmen und die Sauce leicht einkochen lassen, abschmecken. Mozzarella klein hacken, mit dem Chicorée mischen und zugedeckt bei kleiner Hitze schmelzen lassen.
4. Nudelwasser aufkochen und salzen. Die Nudeln al dente kochen und zur Chicoréepfanne reichen.

### Tipp

Lässt sich gut vorbereiten und dann im Ofen überbacken. Schmeckt auch mit Fenchel!

€€€ Spartipp

Mozzarella als Rolle oder gerieben ist günstiger als die Kugeln.

# GRÜNKERNPUFFER & Möhren-Orangen-Salat

Reichlich Ballaststoffe in Kleie, Leinsamen, Grünkern und Erbsen füttern die guten Darmbakterien und halten den Cholesterinspiegel im Lot. Der Salat sorgt für Vitamine und Frische.

## NÄHRWERTE

**Zubereitungszeit:** 50 Minuten

**Pro Portion:** 467 kcal, 15,8 g EW, 18,1 g F, 66,7 g KH, 14,8 g BS

**Preis pro Portion:** 0,81 €

## ZUTATEN

*für 4 Portionen*

1 Zwiebel

4 EL Rapsöl

150 g Grünkernschrot

Salz, Pfeffer

500 g Möhren

1 Bio-Orange

250 g TK-Erbsen

1 Ei

etwa 30 g Haferkleie

30 g Rosinen

2–3 EL Zitronensaft

Zimt

50 g gelbe oder braune Leinsamen

## ZUBEREITUNG

1. Zwiebel fein hacken. 1 EL Öl in einem Topf erhitzen, die Zwiebel darin anbraten, dann den Grünkernschrot zugeben. Mit 250 ml Wasser ablöschen, salzen und 3 Minuten dick kochen.
2. Inzwischen die Möhren waschen, schälen und fein raspeln. Die Orange waschen, die Schale abreiben, dann schälen, in Segmente und dann quer in Stückchen teilen.
3. Die gefrorenen Erbsen mit dem Grünkernbrei mischen, salzen, pfeffern und umrühren, bis der Brei abkühlt. Dann das Ei und so viel Kleie zugeben, dass eine formbare Masse entsteht.
4. Die Möhren mit der Orange, der abgeriebenen Schale und den Rosinen mischen. Mit 1-2 EL Rapsöl, Zitronensaft, Salz, etwas Pfeffer und einer Prise Zimt würzen.
5. Aus dem Grünkernteig mit nassen Händen etwa 12 Puffer formen und in Leinsamen wälzen. Das restliche Öl in der Pfanne erhitzen und die Puffer von beiden Seiten ca. je 3 Minuten braten. Zum Möhren-Orangen-Salat reichen.

**Tipp**

Gehackte Walnüsse passen perfekt in den Karotten-Orangen-Salat.

**€€€ Spartipp**

Die übrigen Puffer einzeln in Folie gewickelt für den nächsten Tag in die Lunchbox packen.

# SÜSSKARTOFFELN *mit Senf und Linsensalat*

**Süßkartoffeln sind extrem reich an Kohlenhydraten, also gleichzeitig Gemüse und Sättigungsbeilage. Für ausreichend Eiweiß sorgen die Linsen, für Vitamine und Frische Apfel und Rucola.**

*Februar*

## NÄHRWERTE

**Zubereitungszeit:** 50 Minuten

**Pro Portion:** 565 kcal, 18,7 g EW, 18,3 g F, 87 g KH, 12,2 g BS

**Preis pro Portion:** 1,22 €

## ZUTATEN

*für 4 Portionen*

150 g rote Linsen
1 Knoblauchzehe
Salz
1 Lorbeerblatt
evtl. Rosmarin aus dem Garten
ca. 700 g Süßkartoffeln
50 g Kürbiskerne
4 EL Körnersenf oder Senfkaviar
40 g Semmelbrösel
Chilipulver
4 EL Rapsöl
2 EL Apfelessig oder Balsamico
1 TL Senf
100 g Rucola
1 Apfel

## ZUBEREITUNG

1. Die Linsen waschen, den Knoblauch abziehen, beides mit Salz, Lorbeer, Rosmarin und 250 ml Wasser aufkochen. Knapp 10 Minuten bei kleiner Hitze knackig garen, dann vom Herd nehmen.
2. Die Süßkartoffeln waschen, schälen und schräg in etwa 2 cm dicke Scheiben schneiden, salzen. Den Backofen auf 180 °C vorheizen.
3. Die Kürbiskerne im Blitzhacker mittelfein hacken. Mit dem Körnersenf, den Semmelbröseln, etwas Chili, Salz und 3 EL Öl verrühren und auf die Kartoffelscheiben streichen. Auf ein mit Backpapier ausgelegtes Blech legen, im Ofen ca. 30 Minuten backen.
4. Inzwischen Knoblauch und Kräuter aus den Linsen herausfischen. Aus Essig, Senf, Salz, etwas Chili und dem übrigen Öl eine Vinaigrette rühren und unter die Linsen mischen. Evtl. etwas Wasser zugeben.
5. Rucola und Apfel waschen. Rucola grob hacken. Apfel mit Schale vierteln, vom Kerngehäuse befreien und in kleine Stifte schneiden. Beides unter die Linsen ziehen und abschmecken, zu den überbackenen Süßkartoffeln reichen.

### Tipp

**Senfkaviar**: 80 g Senfkörner mit 125 ml Essig, 25 ml Wasser, 1 Knoblauchzehe, 10 Pfefferkörnern, ½ TL Salz und Thymian 15 Minuten kochen, dann 24 Std. ziehen lassen – fertig.

€€€
**Spartipp**

Normale Kartoffeln sind preiswerter als Süßkartoffeln.

Februar

# SELLERIESCHNITZEL mit Kartoffel-Möhren-Stampf

Die ätherischen Öle der Sellerie beruhigen nicht nur den Magen, sie sorgen auch für das „Umami"-Aroma: perfekt für Schnitzel. Durch den Ausbackteig geht es besonders schnell.

## NÄHRWERTE

**Zubereitungszeit:** 40 Minuten

**Pro Portion:** 522 kcal, 16,3 g EW, 21,1 g F, 72,3 g KH, 13 g BS

**Preis pro Portion:** 0,91 €

## ZUTATEN

*für 4 Portionen*

1 Knolle Sellerie (ca. 1 kg)

600 g mehlig- oder vorwiegend festkochende Kartoffeln

200 g Möhren

Salz

2 Eier

180 g Mehl (Type 1050)

180 ml Milch

2 EL Currypulver

Pfeffer

6 EL Öl

Muskat

## ZUBEREITUNG

1. Gemüse waschen und schälen. Sellerie in ca. 1 cm dicke Scheiben schneiden, die Reststückchen beiseitelegen.
2. Kartoffeln und Möhren in grobe Stücke schneiden, mit den Sellerie-Endstücken in einen großen Topf geben. Die Selleriescheiben auf das Gemüse legen, ca. 150 ml Wasser angießen, Salz hinzugeben und alles 10 Minuten knackig gar dämpfen.
3. Inzwischen die Eier verquirlen, mit 150 g Mehl und etwa 80 ml Milch, Salz, Pfeffer und Currypulver zu einem dicken Teig verrühren.
4. Die Selleriescheiben nach etwa 10 Minuten aus dem Topf nehmen, das restliche Gemüse noch ca. 10 Minuten weiterdünsten, bis es gar ist. Evtl. etwas Wasser zugeben.
5. Selleriescheiben mit Küchenpapier trocken tupfen, salzen und von beiden Seiten in Mehl wenden. In einer beschichteten, großen Pfanne etwa 1 cm hoch Öl einfüllen, erhitzen. Jede Selleriescheibe durch den Teig ziehen und sofort in der Pfanne von beiden Seiten knusprig braun braten.
6. Das Gemüse mit 100 ml Milch zerstampfen. Mit Salz, Pfeffer und Muskat abschmecken, zu den Sellerieschnitzeln reichen.

### Tipp

Wer viel Semmelbrösel übrig hat, kann die Selleriescheiben traditionell panieren: Erst in Mehl wenden, dann in Ei und zum Schluss in den Bröseln. Andrücken und braten. Schmeckt auch mit Kohlrabi.

€€€
**Spartipp**

Schneller geht es mit vorgegarter Roter Beete.

# ORANGENSCHMARRN
## mit griechischem Joghurt

Nie sind Orangen so süß und preiswert wie jetzt. Ergänzt durch Vollkorn-Mehl, Ei und Nüsse ergeben sie eine vollwertige Mahlzeit. Puderzucker – danach aufgestreut – hat bei wenig Menge die beste Wirkung. Wer keinen Industriezucker verwenden mag, kann zu Erythrit oder Honig greifen.

Februar

### NÄHRWERTE

**Zubereitungszeit:** 40 Minuten
**Pro Portion:** 506 kcal, 17 g EW, 31 g F, 42 g KH, 7 g BS
**Preis pro Portion:** 1,16 €

### ZUTATEN

*für 4 Portionen*

6 Orangen (davon 1 Bio)

100 g Kleinblatt-Haferflocken

5 Eier

2 Päckchen Vanillezucker (ersatzweise 1 TL -pulver)

Salz

70 g Vollkorn-Mehl

100 ml Haferdrink

70 g gemahlene Mandeln

3–4 EL Rapsöl

2 EL Butter

Puderzucker

200 g griechischer Joghurt (10 %)

2 EL Honig

### ZUBEREITUNG

1. Bio-Orange waschen, Schale oberflächlich abreiben und aufheben. Alle Orangen bis auf das Fruchtfleisch schälen, vierteln, weiße Mittelrippe entfernen und die Orangenviertel quer in dünne Scheiben schneiden. Saft dabei auffangen. Aus 1 Orange mittig 4 große Scheiben zur Deko schneiden.
2. Die Haferflocken mit den Orangenstückchen, der Schale und dem Saft mischen.
3. Die Eier trennen. Eigelb mit dem Vanillezucker cremig schlagen, leicht salzen und dann Mehl unterrühren. Hafermilch und Mandeln unterziehen. Orangen-Haferflockenmix und Teig mischen. Die Eiweiß steif schlagen und unterheben.
4. In einer Pfanne 1 EL Öl und 1 EL Butter erhitzen, die Hälfte des Teiges hineingießen, Deckel auflegen und bei kleiner Hitze goldbraun backen. Dann wenden, noch etwas Öl zufügen und fertig backen – dabei in knusprige Stücke zerreißen. Warm halten und die zweite Portion ebenso zubereiten.
5. Inzwischen die Orangenscheiben halbieren und den Joghurt cremig rühren. Schmarrn mit Puderzucker überstäuben und mit Orangenscheiben und Joghurt anrichten. Mit e Honig beträufeln.

**Tipp**

Statt Vanillepulver passt auch Zimtpulver.

**€€€**

**Spartipp**

Wer eine große Pfanne hat, kann gleich die ganze Portion zubereiten. Das spart Zeit.

# TOFU
## mit Kräuter-Curry

Curry mal anders: mit Radieschengrün – das leider oft weggeworfen wird. Es schmeckt toll und strotzt nur so vor gesunden Inhaltsstoffen. Vor allem Senföle, die gegen Bakterien und Viren wirken.

März

### NÄHRWERTE

**Zubereitungszeit:** 30 Minuten

**Pro Portion:** 580 kcal, 17,7 g EW, 30,9 g F, 59 g KH, 4,8 g BS

**Preis pro Portion:** 1,37 €

### ZUTATEN

*für 4 Portionen*

250 g Langkornreis

Salz

2 TL Kurkuma

200 g Tofu

2 EL Öl

1 Lauch

1 Bd. Radieschen mit Grün

250 g Spinat

1 Bd. Bärlauch
(alternativ 1–2 Knoblauchzehen)

1 EL mildes Curypulver

400 ml Kokosmilch

Pfeffer

### ZUBEREITUNG

1. Den Reis waschen, in einem Topf erwärmen, mit 0,5 l Wasser, 1 TL Salz und Kurkuma aufkochen, dann zugedeckt bei kleiner Hitze ausquellen lassen.
2. Den Tofu in kleine Würfel schneiden und in einer Pfanne mit 1 EL Öl knusprig braten. Tofu herausheben.
3. Lauch von Wurzeln und Welkem befreien, längs halbieren, waschen und dann in etwa 1 cm breite Scheiben schneiden. Radieschen waschen, Wurzeln abtrennen. Die Radieschen in Spalten schneiden und das Grün grob hacken. Den Bärlauch quer in Streifen schneiden, Spinat waschen.
4. Den Lauch im übrigen Öl in der Pfanne braten, bis er bräunt. Das Curry mitbraten. Dann das übrige Gemüse zugeben und kurz zusammenfallen lassen. Kokosmilch angießen, mit Salz und Pfeffer abschmecken und den Tofu zugeben. Mit dem Reis servieren.

**Tipp**

Wer mag, kann noch etwas Zitronensaft zugeben.

€€€

**Spartipp**

Bärlauch selbst pflücken – aber Vorsicht!

# BRENNNESSELKNÖDEL *mit Parmesan*

Brennnessel hat enorm viel Eisen und Vitamin C – ein Dream-Team. Auch Magnesium, Kalium und Bioaktivstoffe hat sie zu bieten: Sie wirkt gegen Frühjahrsmüdigkeit und ist zum Nulltarif zu haben!

März

## NÄHRWERTE

**Zubereitungszeit:** 40 Minuten

**Pro Portion:** 591 kcal, 23,9 g EW, 28,7 g F, 61,7 g KH, 6 g BS

**Preis pro Portion:** 0,77 €

## ZUTATEN

*für 4 Portionen*

400 g Brennnesselspitzen

1 Zwiebel

einige Bärlauchblätter oder 1 Knoblauchzehe

280 g Brot vom Vortag

50 g zarte Haferflocken

120 ml Milch

2 EL Rapsöl

2 EL Zitronensaft

Salz, geriebene Muskatnuss

2 Eier

4 EL Mehl

200 ml süße Sahne

30 g geriebener Hartkäse (z. B. Grana Padano)

## ZUBEREITUNG

1. Brennnesseln sammeln – dabei Handschuhe anziehen und die oberen Blätter abzupfen. Gründlich waschen. Zwiebel und Knoblauch schälen/Bärlauch waschen und fein hacken.
2. Das Brot in hauchdünne Scheiben oder Streifen schneiden, Haferflocken dazugeben, mit warmer Milch übergießen.
3. Zwiebeln im Öl in einer Pfanne glasig dünsten. Dann Brennnesselblätter und Knoblauch/Bärlauch zugeben, mit Zitronensaft, Salz und Muskatnuss würzen, Deckel auflegen und die Blätter ca. 8 Minuten dünsten. Mit dem Pürierstab pürieren. Knapp die Hälfte abnehmen und zum Knödelteig geben. Mischen und etwas abkühlen lassen. Dann die Eier und das Mehl zugeben.
4. Einen großen Topf mit Salzwasser aufsetzen. Mit nassen Händen etwa 20 kleine Knödel formen. Ins kochende Wasser legen und geöffnet so lange ziehen lassen, bis sie nach oben steigen.
5. Die zweite Brennnesselhälfte mit Sahne und 100 ml Wasser mischen, abschmecken. Fertige Knödel mit dem Schaumlöffel herausheben, Brennnesselrahm dazu servieren. Mit Parmesan bestreut servieren.

**Tipp**

Keine Zeit zum Brennnesseln suchen?
Dann 400 g TK-Spinat gehackt verwenden.

€€€

**Spartipp**

Grana Padano ist günsiger als Parmesan. Noch preiswerter: Reibekäse.

# GEFÜLLTE ZWIEBELN
## *mit Püree*

Zwiebeln punkten nicht nur mit ihrem Aroma, sie sind reich an Fructanen, die unsere Darmmikrobiota unterstützen. Und sie enthalten Quercentin, ein sekundärer Pflanzenstoff, der unsere Immunabwehr stärkt.

März

### NÄHRWERTE

**Zubereitungszeit:** 75 Minuten

**Pro Portion:** 566 kcal, 11,4 g EW, 29,8 g F, 65,1 g KH, 6,9 g BS

**Preis pro Portion:** 1,03 €

### ZUTATEN

*für 4 Portionen*

800 g Zwiebeln (ca. 12 Stück)

60 g Walnusskerne

60 g Oliven ohne Stein

1–2 Thymianzweige

60 g Semmelbrösel

Salz

Macis (Muskatblüte)

6 EL Olivenöl

800 g mehlig- oder vorwiegend festkochende Kartoffeln

Pfeffer

150 ml Milch

### ZUBEREITUNG

1. Die Zwiebeln schälen. Quer in der Mitte halbieren, sodass man auf die Schichten als Kreise blickt. Mit einem scharfen Melonenausstecher die Zwiebeln bis auf die 2 Außenhäute aushöhlen oder die inneren Schichten vorsichtig herausdrücken. Nüsse und Oliven hacken. Thymian von den Stielen streichen, mit Semmelbröseln, etwas Salz, Macis und 5 EL Öl mischen.
2. Ein Backblech mit Backpapier auslegen, den Ofen auf 200 °C vorheizen. Jede Zwiebelhälfte üppig mit dem Bröselmix füllen und aufs Blech setzen. In etwa 45 Minuten gar schmoren.
3. In der Zwischenzeit das Innere der Zwiebeln grob hacken und in 1 EL Öl glasig dünsten, ohne zu bräunen. Die Kartoffeln waschen, schälen und in grobe Würfel schneiden. Mit den Zwiebeln andünsten, mit Salz, Pfeffer und Macis würzen und etwa 100 ml Wasser angießen. Bei kleiner Hitze zugedeckt garen.
4. Wenn nach etwa 30 Minuten der Zwiebel-Kartoffelmix gar ist, die Milch zugeben und alles mit dem Pürierstab fein pürieren. Abschmecken und zu den gefüllten Zwiebeln reichen.

**Tipp**

Um das Loch der ausgehöhlten Zwiebeln unten auf dem Blech abzudecken, einfach ein Stück von den inneren Schichten zurechtschneiden.

**€€€**

**Spartipp**

Wer altbackenes, hartes Brot übrig hat, kann Semmelbrösel im Blitzhacker einfach selbst machen.

# ENDIVIE
## mit Pasta und Bohnen

Endivie ist anderen Blattsalaten haushoch überlegen: Sie enthält Bitterstoffe, die dem Darm gut tun. Sie liefert jede Menge B-Vitamine wie Pantothen- und Folsäure, außerdem Kalium und Calcium.

März

## NÄHRWERTE

**Zubereitungszeit:** 50 Minuten
**Pro Portion:** 585 kcal, 23,9 g EW, 16,2 g F, 96,7 g KH, 19 g BS
**Preis pro Portion:** 1,90 €

## ZUTATEN
*für 4 Portionen*

200 g weiße Bohnen (getrocknet)
Salz
1 Bio-Orange
6 getrocknete Tomaten in Öl
4 getrocknete Aprikosen
1 Knoblauchzehe
Chiliflocken
400 g Endiviensalat
3 Zwiebeln
250 g Bandnudeln
50 g Cashewkerne
3–4 EL Tomatenöl

## ZUBEREITUNG

1. Bohnen waschen, mit 400 ml Wasser und etwas Salz im Schnellkochtopf ca. 30 Minuten kochen, bis die Bohnen gar sind. Alternativ über Nacht einweichen und im normalen Topf ca. 60 Minuten garen. Wer mag, kann dabei auch Rosmarin und Salbei mitkochen.
2. Orange waschen, Schale abreiben, Frucht bis aufs Fruchtfleisch schälen, in Segmente teilen und diese klein schneiden. Tomaten und Aprikosen in feine Streife schneiden, Knoblauch abziehen und hacken. Alles mit Chili mischen und ziehen lassen.
3. Endiviensalat putzen und waschen, in feine Streifen scheiden. Zwiebeln schälen, halbieren und in dünne Scheiben schneiden.
4. Die Nudeln in Salzwasser al dente kochen, abtropfen lassen, dabei etwas Nudelwasser aufheben. Cashews in einer Pfanne rösten.
5. Inzwischen die Zwiebeln in 2–3 EL Tomatenöl unter Rühren goldbraun braten. Mit dem Orangen-Würzmix ablöschen und die Bohnen zugeben. Nach und nach die Endivie zugeben und zusammenfallen lassen. Am Schluss die Nudeln unterrühren, mit Salz abschmecken, mit den Cashews toppen.

**Tipp**

Statt Trockenware 1 kleine Dose Bohnen – weiß oder rot – verwenden, das geht schneller.

€€€ **Spartipp**

Weiße Bohnen selbst kochen ist preiswerter als Bohnen aus der Dose: Einfach doppelt so viel garen und aus den übrigen Bohnen Brotaufstrich oder Salat machen.

Erdnüsse sind günstiger als Cashews.

# ZITRONEN-KRÄUTER-KARTOFFELN *mit Salat*

Radieschen zählen zum ersten Gemüse, das der Frühling zu bieten hat. Und zwar nicht nur die knackige Knolle, sondern auch die würzigen Blätter. Die perfekte Ergänzung im Salat: Chinakohl – mild und gut verträglich.

*März*

## NÄHRWERTE

**Zubereitungszeit:** 40 Minuten

**Pro Portion:** 494 kcal, 13,4 g EW, 28,8 g F, 45,5 g KH, 5,1 g BS

**Preis pro Portion:** 1,75 €

## ZUTATEN

*für 4 Portionen*

1 kg vorwiegend festkochende Kartoffeln

1 Zwiebel

5 EL Rapsöl

150 ml Gemüsebrühe

1 Bund Radieschen mit Grün

50 g gemischte Kräuter oder Sprossen

300 g Chinakohl

1 Bio-Zitrone

1 TL Senf

Salz, Pfeffer

200 g Crème fraîche

200 g körniger Frischkäse

## ZUBEREITUNG

1. Die Kartoffeln in wenig Wasser 15–20 Minuten knapp gar kochen, kalt abschrecken und pellen, halbieren oder vierteln.
2. Inzwischen die Zwiebel schälen und in Würfel schneiden. 2 EL Öl in einem Topf zerlassen, die Zwiebel darin glasig dünsten. Die Brühe angießen und offen bei kleiner Hitze ca. 5 Minuten köcheln lassen. Eventuell etwas Wasser zugeben.
3. Radieschen von Wurzeln befreien, das Grün abschneiden, waschen, grob zerkleinern und im Topf zusammenfallen lassen. Kräuter waschen und die Stiele ebenfalls in den Topf geben, größere Kräuterblätter hacken, kleinere ganz lassen – alles beiseitestellen.
4. Die Radieschen in dünne Scheiben schneiden. Chinakohl waschen und quer in dünne Scheiben schneiden. Zitrone waschen, die Schale abreiben und den Saft auspressen. Die Hälfte Zitronensaft mit dem Senf, Salz, Pfeffer und dem übrigen Öl zu einem Dressing rühren. Chinakohl und Radieschen damit vermischen.
5. Den Saucenfond mit dem Pürierstab pürieren. Dann Crème fraîche, Frischkäse, Zitronenschale und -saft unterrühren und erhitzen. Die Kräuter zugeben, die Sauce mit Salz und Pfeffer kräftig abschmecken, die Kartoffeln zugeben und kurz ziehen lassen. Mit dem Salat servieren.

**Tipp**

Wer sehr großen Hunger hat, kann noch ein gekochtes Ei zu den Kartoffeln essen.

€€€

**Spartipp**

TK-Kräuter sind preiswerter.

Viele Kräuter können gut selbst gesammelt oder angepflanzt werden.

# NUDEL-FETA-GRATIN *mit Zucchini*

Rucola und Wildkräuter wie Bärlauch sind reich an Vitamin C, Folsäure und dem entzündungshemmenden Allicin – ein perfekter Immunbooster für den Frühling.



## NÄHRWERTE

**Zubereitungszeit:** 45 Minuten

**Pro Portion:** 522 kcal, 23,9 g EW, 25,7 g F, 17,2 g KH, 11,6 g BS

**Preis pro Portion:** 1,53 €

## ZUTATEN

*für 4 Portionen*

500 g kleine Zucchini

1 Bund Frühlingszwiebeln

3 EL Olivenöl

Salz

Pfeffer

300 g kurze Vollkornnudeln (Kochzeit 8 Minuten)

250 g Hirtenkäse

750 ml Gemüsebrühe

1 Bund Bärlauch (ersatzweise Baby-Spinat)

100 g Rucola oder Wildkräuter

Sojasauce

## ZUBEREITUNG

1. Gemüse und Kräuter waschen. Die Zucchini längs vierteln und in fingerbreite Stücke schneiden, Enden entfernen. Frühlingszwiebeln von Wurzeln und Welkem befreien, dann in dünne Ringe schneiden, mit Zucchini, 1 EL Öl, Salz und Pfeffer mischen.
2. Den Backofen auf 200 °C anheizen. Die Nudeln auf dem Boden der Form verteilen, das Zucchinigemüse darüber verteilen. Hirtenkäse in Würfel schneiden, über den Nudeln verteilen. Brühe angießen. Alles mit 2 EL Öl beträufeln. Für 30 Minuten in den heißen Ofen schieben.
3. Inzwischen den Bärlauch und den Rucola quer in 1 cm breite Streifen schneiden. Wenn der Hirtenkäse braun wird und die Nudeln al dente sind, den Auflauf aus dem Ofen nehmen. Bärlauch und Rucola zugeben, alles miteinander vermischen, mit Sojasauce abschmecken, servieren.

**Tipp**

Falls Baby-Spinat verwendet wird, gerne für den Geschmack noch etwas Knoblauch hinzufügen.

**€€€**

**Spartipp**

Bärlauch, aber auch Frühlingskräuter wie Giersch, Brennnessel, Spitzwegerich, Sauerampfer, Vogelmiere oder Gänseblümchenblätter gibt es zum Nulltarif auf der Wiese. Aber Vorsicht und gründlich waschen!

# ZWEIERLEI Löwenzahn

Löwenzahn ist im Frühjahr ein zarter Genuss. Reich an Vitamin A und C und Mineralstoffen wie Kalium und Calcium. Dank der Bitterstoffe vor allem gut für eure Verdauung.

März

## NÄHRWERTE

**Zubereitungszeit:** 45 Minuten

**Pro Portion:** 554 kcal, 17,3 g EW, 28,7 g F, 60,4 g KH, 8,8 g BS

**Preis pro Portion:** 1,17 €

## ZUTATEN

*für 4 Portionen*

ca. 400 g Löwenzahnblätter (ersatzweise Blattspinat oder Rucola)

4 Zwiebeln (ca. 300 g)

1–2 Knoblauchzehen

5–6 EL Rapsöl

200 g Perlgraupen

1 Dose Zuckermais (285 g Abtropfgewicht)

Salz, Pfeffer

50 g Walnusskerne

2–3 EL Essig

50 g geriebener Parmesan

## ZUBEREITUNG

1. Den Löwenzahn gründlich waschen. Die Hälfte – vor allem die zarten Blätter – für den Salat beiseitestellen. Die übrigen Blätter grob hacken. Zwiebeln abziehen, halbieren und die Hälfte in kleine Würfel, den Rest in dünne Streifen schneiden. Knoblauch ebenfalls schälen und klein schneiden.
2. Die Zwiebelwürfel in 1 EL Öl glasig andünsten. Dann die Graupen zugeben. Den Zuckermais in einem Sieb abtropfen lassen, den Sud dabei auffangen und mit Wasser auf 400 ml auffüllen. Die Graupen damit angießen, mit Salz und Pfeffer würzen und aufkochen. Zugedeckt bei kleiner Hitze etwa 15 Minuten quellen lassen.
3. Inzwischen die Walnüsse hacken und ohne Fett in einer Pfanne rösten, herausnehmen. Danach 1 EL Öl in die Pfanne geben und die Zwiebelstreifen darin unter Rühren knusprig braun braten. Mit Essig ablöschen.
4. Wenn die Graupen weich sind, gehackten Löwenzahn und Maiskörner unterziehen, abschmecken und erhitzen. Die zarten Löwenzahnblätter mit den Bratzwiebeln und 1–2 EL Öl mischen, salzen, pfeffern und mit den Nüssen toppen. Risotto mit Parmesan und Salat servieren.

**Tipp**

Milder wird das Risotto mit 150 g Crème leicht statt Parmesan.

**€€€**

**Spartipp**

Löwenzahn ist zum Nulltarif in der Natur zu haben. Wichtig: Nicht auf Hundewiesen und entlang von Straßen und Gehwegen pflücken. Notfalls statt Löwenzahn Rucola nehmen.

Grana Padano ist preiswerter als Parmesan.

# BANANEN-GRIESS-Frisbees

Bananen liefern reichlich Kohlenhydrate, der Grieß ist super ballaststoffreich und Magerquark dient als Proteinquelle. Dazu viel Obst und fertig ist ein traumhaft gesundes, süßes Gericht!

März

## NÄHRWERTE

**Zubereitungszeit:** 25 Minuten

**Pro Portion:** 562 kcal, 20,9 g EW, 22,5 g F, 70,7 g KH, 6,1 g BS

**Preis pro Portion:** 0,91 €

## ZUTATEN

*für 4 Portionen*

400 ml Milch

200 g Dinkelgrieß

Salz

2 reife Bananen

200 g Magerquark

60 g gemahlene Mandeln

1 TL Zimtpulver

2 EL Zucker

4 EL Rapsöl

400 g Obst der Saison (z. B. Erdbeeren, Himbeeren, Orange, Apfel)

## ZUBEREITUNG

1. Milch im Topf zum Kochen bringen. Grieß und Salz unter Rühren einstreuen, einmal aufkochen lassen und vom Herd nehmen, einige Minuten quellen lassen.
2. Die Bananen schälen und mit der Gabel zerdrücken. Mit Quark, Grießbrei und gemahlenen Mandeln zu einem glatten Teig verrühren. Kurz ruhen lassen, dann aus der Masse mit feuchten Händen runde Plätzchen formen. Zimtpulver und Zucker in einem kleinen Schälchen mischen.
3. Das Öl in einer beschichteten Pfanne erhitzen. Die Frisbees darin bei mittlerer Hitze von beiden Seiten goldbraun ausbacken.
4. Das Obst waschen, klein schneiden und alles zu einem Obstsalat mischen. Die Frisbees mit Zimt-Zucker und Obstsalat servieren.

**Tipp**

Wer mag, kann die Frisbees mit Nussmus, z. B. Erdnuss- oder Mandelmus, toppen. Statt Mandeln können auch gemahlene Haselnüsse verwendet werden.

€€€

**Spartipp**

Saisonales Obst ist in der Regel am günstigsten.

# GEFÜLLTE KOHLRABI *mit Kapern*

Kohlrabi sind reich an Magnesium und Calcium. Die Blätter enthalten doppelt soviel Vitamin C und Beta-Karotin wie die Knollen.

April

## NÄHRWERTE

**Zubereitungszeit:** 40 Minuten

**Pro Portion:** 540 kcal, 13,7 g EW, 32,1 g F, 54,3 g KH, 9,8 g BS

**Preis pro Portion:** 1,55 €

## ZUTATEN

*für 4 Portionen*

4 kleine Kohlrabi mit Grün (à 300 g)

100 g gehackte Walnusskerne

Salz, Pfeffer

4 EL Kapern

2 EL Rapsöl

250 ml Gemüsebrühe

200 g Bulgur

2 Zweige Rosmarin

200 g vegane Kochcreme (7 %)

## ZUBEREITUNG

1. Kohlrabi waschen. Die Blätter in Streifen und die Stiele in Röllchen schneiden. Knollen putzen und waagerecht halbieren. Hälften bis auf einen 1 cm breiten Rand aushöhlen.
2. Das Innere mit ein wenig Kohlrabigrün im Blitzhacker zerkleinern. Die Walnüsse grob hacken und mit 2 EL Kapern untermischen, pfeffern, salzen und in die Kohlrabihälften füllen. Wenn Füllung übrig ist, einfach mit dem Bulgur garen.
3. In einem großen Schmortopf 2 EL Öl erhitzen, Kohlrabi hineinsetzen, mit der Gemüsebrühe angießen und zugedeckt etwa 20 Minuten garen. Nach 15 Minuten die übrigen Kohlrabiblätter zugeben.
4. Inzwischen Bulgur mit 400 ml Wasser, Kohlrabistielen, Rosmarin und Salz aufkochen und zugedeckt bei kleiner Hitze 10 Minuten ausquellen lassen.
5. Die garen Kohlrabi aus der Brühe heben, den Fond (und ggf. die übrige Füllung) mit dem Pürierstab pürieren und mit Kochcreme, Pfeffer, Salz und den übrigen Kapern verrühren. Als Sauce zu den Kohlrabi und dem Bulgur reichen.

**Tipp**

Wer's noch etwas würziger mag: Gorgonzola statt Walnüssen für die Füllung verwenden.

**€€€**

**Spartipp**

Kapern zum Nulltarif: Knospen von Gänseblümchen, Löwenzahn oder Kapuzinerkresse in Salzwasser kochen, in einen Mix aus 50 % Wasser und Essig, Salz und Pfeffer 2 Wochen einlegen.

# MÖHREN-PASTA
## *mit Rührei*

Möhren mit Grün sind meist teurer als ohne. Aber ihr könnt das Grün mitessen – roh oder gegart. Es schmeckt intensiv – deshalb am besten auf zwei Mahlzeiten verteilen.

April

### NÄHRWERTE

**Zubereitungszeit:** 25 Minuten

**Pro Portion:** 513 kcal, 15,8 g EW, 27,3 g F, 54,6 g KH, 7,0 g BS

**Preis pro Portion:** 1,45 €

### ZUTATEN

*für 4 Portionen*

1 Bund Möhren (ca. 700 g)

2 EL Rapsöl

Salz

Pfeffer

Curry

200 g Mie-Nudeln

4 Eier

200 ml süße Sahne

1 EL Currypulver

### ZUBEREITUNG

1. Die Möhren waschen, Grün abtrennen und ohne die Stiele fein hacken. Die Möhren in dünne Scheiben hobeln – am besten mit der Küchenmaschine. Möhren in einer tiefen Pfanne mit 1 EL Öl andünsten, mit Salz, Pfeffer und Curry würzen und zugedeckt etwa 10 Minuten garen.
2. Die Mie-Nudeln mit kochendem Wasser überbrühen und einige Minuten quellen lassen.
3. Die Eier verquirlen, salzen und pfeffern. Mit 3 EL Sahne und einer Handvoll Möhrengrün mischen. In einer Pfanne in 1 EL Öl zu einem saftigen Rührei braten.
4. Die Mie-Nudeln in einem Sieb abtropfen lassen, mit der übrigen Sahne zu den Möhren geben und mit den anderen Zutaten servieren.

**Tipp**

Wer Lust auf mehr Topping hat – Cashews, Erdnüsse oder gehackte Mandeln eignen sich hervorragend.

€€€

**Spartipp**

Statt Bundmöhren einfache Möhren „ohne“ verwenden und Möhrengrün durch 100 g TK-Rahmspinat ersetzen.

# FRÜHLINGSRATATOUILLE *mit Buchweizen*

Radieschen und Gurke sind die ersten heimischen Gemüsesorten. Sie schmecken auch warm zubereitet toll und werden dadurch noch bekömmlicher.



## NÄHRWERTE

**Zubereitungszeit:** 35 Minuten
**Pro Portion:** 558 kcal, 16,9 g EW, 23,6 g F, 72,8 g KH, 8,3 g BS
**Preis pro Portion:** 1,57 €

## ZUTATEN

*für 4 Portionen*

250 g Buchweizen
1 Prise Fenchelsamen
Salz
3 EL Rapsöl
2 Salatgurken
1 Bund Frühlingszwiebeln
2 Bund Radieschen
2 EL Mehl
40 g Sonnenblumenkerne
200 g Kräuter-Frischkäse

## ZUBEREITUNG

1. Den Buchweizen mit Fenchelsamen, Salz und 1 EL Öl im Topf anrösten und mit ½ l Wasser aufkochen. Zugedeckt bei kleiner Hitze ausquellen lassen.
2. Inzwischen das Gemüse waschen. Von den Gurken die Enden abschneiden, längs dritteln, dann quer in 1 cm breite Stücke teilen. Zwiebel von Wurzeln und Welkem befreien, in Ringe schneiden. 2 EL vom Grün beiseitestellen. Radieschen von Wurzeln befreien. Kugeln vierteln und Blätter samt Stielen hacken.
3. In einer tiefen Pfanne die Zwiebeln im übrigen Öl und dem Mehl andünsten. Dann die Gurken- und Radieschenstückchen zugeben und unter Rühren etwa 5 Minuten dünsten. Radieschenblätter zugeben und zusammenfallen lassen. Zugedeckt 5 Minuten ziehen lassen.
4. Die Sonnenblumenkerne in einer Pfanne rösten. Den Frischkäse unter das Gemüse ziehen, mit Salz und Pfeffer abschmecken und mit Sonnenblumenkernen toppen. Die grünen Zwiebelringe unter den Buchweizen ziehen und dazu reichen.

**Tipp**

Wenn ihr Fenchelgrün oder Dill habt, nach dem Garen unter den Buchweizen ziehen.

€€€ **Spartipp**

Statt Buchweizen Pell- oder Stampfkartoffeln kochen.

# BLUMENKOHL-LINSEN-Tikka-Masala

Blumenkohl ist nicht nur reich an Folsäure, Kupfer und Mangan, sondern auch an Bioaktivstoffen: Senföle wirken entzündungshemmend, Sulforaphan beugt Diabetes und Krebs vor.

April

## NÄHRWERTE

**Zubereitungszeit:** 40 Minuten

**Pro Portion:** 538 kcal, 15,6 g EW, 21,9 g F, 74,2 g KH, 8,6 g BS

**Preis pro Portion:** 1,67 €

## ZUTATEN

*für 4 Portionen*

220 g Basmatireis

Salz

1 Zwiebel

½ Blumenkohl (ca. 800 g Röschen einschließlich Grün)

2 Knoblauchzehen

1 nussgroßes Stück Ingwer

2 EL Rapsöl

2 TL Currypulver

100 g rote Linsen

400 g passierte Tomaten

1 Dose fettarme Kokosmilch (400 ml)

## ZUBEREITUNG

1. Den Reis heiß waschen, mit der doppelten Menge Wasser und ½ TL Salz aufkochen und zugedeckt bei kleiner Hitze quellen lassen. Nach 15 Minuten ausschalten.
2. Die Zwiebel schälen und in kleine Würfel schneiden. Blumenkohl in Röschen teilen, auch das Grün, bis auf die Rippen, klein schneiden und mit verwerten. Knoblauch und Ingwer schälen und fein hacken.
3. Zwiebeln und Blumenkohl in einer Pfanne im Öl kräftig braten, bis es braun wird. Dann Knoblauch, Ingwer und die Gewürze zugeben und einige Minuten weiterbraten.
4. Die Linsen, passierte Tomaten und Kokosmilch unter Rühren zugeben und zugedeckt für 10–15 Minuten bei mittlerer Hitze gar schmoren. Abschmecken und mit Reis servieren.

**Tipp**

**Tolle Toppings:** Petersilie, Koriander, Cashews, Erdnüsse oder Sesam.

€€€ **Spartipp**

Gelingt auch mit Brokkoli, der oft preiswerter ist. Dann kürzer garen.

# GEMÜSE-PFANNKUCHEN
## *mit Kräuterschaum*

Der Eiweißmix aus Ei, Milch, Weizen, Kichererbsen und Kartoffeln ergänzt sich besonders hochwertig und macht lange satt.

*April*

### NÄHRWERTE

**Zubereitungszeit:** 35 Minuten

**Pro Portion:** 530 kcal, 14,2 g EW, 30,5 g F, 53,1 g KH, 7,4 g BS

**Preis pro Portion:** 1,20 €

### ZUTATEN

*für 4 Portionen*

2 Zwiebeln

1 kleiner Fenchel (ca. 250 g)

250 g Möhren

250 g neue Kartoffeln

7–8 EL Rapsöl

Salz, Pfeffer

2 Eier

100 g Weizenmehl (Type 1050)

150 g saure Sahne (10 %)

½ Biozitrone

50 g Frühlingskräuter (z. B. Petersilie, Sauerampfer, Pimpinelle, Bärlauch, Rucola)

1 Dose Kichererbsen (Abtropfgewicht 240 g)

### ZUBEREITUNG

1. Die Zwiebeln schälen und würfeln. Das Gemüse waschen und putzen, Kartoffeln schälen. Alles mit der Küchenmaschine grob raspeln. Erst die Zwiebeln in einer großen, beschichteten Pfanne in 2 EL Öl dünsten. Dann die Raspel zugeben, salzen, pfeffern und zugedeckt 10 Minuten vorgaren. Abkühlen lassen.
2. Inzwischen die Eier verquirlen, nach und nach mit Mehl, Salz und Sauerrahm glatt rühren.
3. Die Zitrone auspressen. Kichererbsen abgießen, den Sud auffangen, Kräuter waschen und samt Stielen mit den Kichererbsen pürieren. Dabei 50 ml Wasser, Zitronensaft, 3 EL Öl, Salz und Pfeffer zugeben. Den Kichererbsensud zu Schnee aufschlagen. Kräutercreme erhitzen und den Schnee erst vor dem Essen unterziehen.
4. In einer beschichteten großen Pfanne 1 EL Öl erhitzen, die Hälfte der Gemüsemasse darin verteilen und mit der Hälfte Teig übergießen. Zugedeckt 5 Minuten bei kleiner Hitze braten, bis der Pfannkuchen braun wird. Dann wenden, etwas Öl zugeben und fertig backen. Den zweiten Kuchen ebenso zubereiten. Mit dem Kräuterschaum servieren.

**Tipp**

Schmeckt auch kalt toll in der Lunchbox.

**€€€ Spartipp**

Bärlauch, Giersch, Vogelmiere, Brennnessel und Sauerampfer wachsen auch wild und sind bestens geeignet.

# SPARGEL-SPINAT-*Ragout*

Spargel wirkt entwässernd und enthält den Darmschmeichler Inulin.
Hier wird er gleich für zwei Mahlzeiten zubereitet!

April

## NÄHRWERTE

**Zubereitungszeit:** 45 Minuten

**Pro Portion:** 559 kcal, 14,9 g EW, 26 g F, 66,9 g KH, 4 g BS

**Preis pro Portion:** 1,89 €

## ZUTATEN

*für 4 Portionen*

1 kg Spargelbruch (die Hälfte für den Spargel-Brot-Auflauf)

Salz

1 Prise Zucker

300 g Milchreis

3 EL Butter

200 g Blattspinat

½ Bio-Zitrone

150 g Kräuter-Frischkäse

100 ml Sahne

Pfeffer

50 g Grana Padano

## ZUBEREITUNG

1. Den Spargel waschen und schälen, die Enden abschneiden, den Bruch in mundgerechte Stücke teilen. Die Schalen und Endscheiben in 1 l Wasser mit Salz und Zucker zugedeckt etwa 10 Minuten auskochen. Absieben und dann den Spargel darin etwa 10 Minuten knackig garen, abtropfen lassen. Den Spargelsud aufbewahren. Die Hälfte Spargel für den nächsten Tag kalt stellen.
2. Den Reis waschen und mit 500 ml Spargelsud aufkochen. 1 EL Butter unterziehen, salzen und zugedeckt etwa 30 Minuten quellen lassen. Zwischendurch umrühren, evtl. etwas Spargelsud zugeben.
3. Inzwischen den Spinat waschen und grob hacken, dicke Stiele entfernen. Zitronenschale abreiben, den Saft auspressen.
4. 4 EL vom gekochten Reis mit 100 ml Spargelsud sehr fein pürieren. Dann zusammen mit Frischkäse, Sahne, 100 ml Sud und Spinat in einen Topf geben und kurz garen. Alles zu einer cremigen Sauce pürieren, die Spargelstücke zugeben und heiß werden lassen. Mit abgeriebener Zitronenschale und -saft, Salz und Pfeffer abschmecken. Die übrige Butter unter den Reis ziehen und zum Spargel-Spinat-Ragout servieren. Grana Padano als Topping dazu reichen.

**Tipp**

Als Topping eignen sich neben Grana Padano auch gehackte Cashews oder Mandeln.

**€€€**
**Spartipp**

Bruchspargel ist besonders preiswert, er wird an Verkaufsständen angeboten, nicht im Supermarkt. Spargelschalen sind eine gute Grundlage für Suppen. Am besten im TK-Fach sammeln: Je mehr, desto intensiver der Sud.

# SPARGEL-BROT-Auflauf

**Spargel füttert unsere guten Darmbakterien, entwässert und enthält jede Menge Vitamine – egal ob Bruch oder Stange.**

April

## NÄHRWERTE

**Zubereitungszeit:** 55 Minuten

**Pro Portion:** 546 kcal, 31,7 g EW, 25,9 g F, 49,5 g KH, 9,2 g BS

**Preis pro Portion:** 1,93 €

## ZUTATEN

*für 4 Portionen*

250 g Weizen- oder Dinkelbrot vom Vortag

300 ml Milch

Salz

Muskat

Pul-Biber-Gewürz

½ Bio-Zitrone

150 g würziger Weichkäse (50 % Fett i. Tr.)

3 Eier

250 g TK-Erbsen

500 g gegarter Spargelbruch vom Vortag (Seite 80)

50 g Mandelblättchen

## ZUBEREITUNG

1. Das Brot in feine Scheiben schneiden. Mit der lauwarmen Milch übergießen, mit Salz, Muskat und etwas Pul Biber würzen. Die Zitronenschale abreiben und den Saft auspressen. Den Weichkäse klein schneiden, die Eier trennen. Eigelb mit dem Käse verrühren, unter die eingeweichten Brotstücke mischen. Eiweiß steif schlagen.
2. Den Backofen auf 180 °C vorheizen. Eine Auflaufform (ca. 22 x 22 cm) einfetten.
3. Die TK-Erbsen, die Spargelstücke, Zitronensaft und -schale sowie den Eischnee unter das Brot ziehen. In der Auflaufform verteilen, mit Mandelblättchen bestreuen und in etwa 40 Minuten goldgelb backen.

**Tipp**

Wer es nicht so würzig mag, kann milden Weichkäse verwenden, z. B. Camembert.

€€€ **Spartipp**

Altbackenes Brot ist einfach toll für eine schnelle Küche.

# ZOPF-MUFFINS
## auf Rhabarber-Kompott

Das Dreamteam Rhabarber und Erdbeeren hat seine rote Farbe den enthaltenen Anthocyanen zu verdanken. Diese Bioaktivstolle wirken gesundheitsfördernd.

April

### NÄHRWERTE

**Zubereitungszeit:** 40 Minuten

**Pro Portion:** 571 kcal, 20,8 g EW, 24,8 g F, 67,0 g KH, 5,0 g BS

**Preis pro Portion:** 1,86 €

### ZUTATEN

*für 4 Portionen*

300 g Rhabarber

100 ml roter Traubensaft

2–3 EL Zucker

300 g süßes Brot vom Vortag (Zopf, Stuten etc.)

30 g Butter

3 EL Rapsöl

3 Eier

250 ml Hafermilch

250 g Magerquark

Zimtpulver

100 g Mandeln

200 g Erdbeeren

### ZUBEREITUNG

1. Rhabarberstangen waschen und in 2 cm dicke Stücke teilen – nicht schälen. Im Traubensaft aufkochen und etwa 10 Minuten zugedeckt weich garen. Zucker unterziehen und kalt stellen.
2. Altes Gebäck in 1 cm große Würfel schneiden. Butter und Öl in der Pfanne zerlassen und die Würfel darin leicht anbraten. Eier mit der Hafermilch und dem Quark verquirlen und die Gebäckstücke unterheben. Zimt nach Belieben hinzugeben.
3. Den Backofen auf 180 °C vorheizen. Manschetten in die 12 Muffinmulden setzen. Die Mandeln grob hacken. Die Hälfte des Teigs auf die Muffinförmchen verteilen, die Hälfte der Mandeln darüber streuen, mit dem übrigen Teig und den restlichen Mandeln abschließen.
4. Muffins im heißen Ofen etwa 20 Minuten backen. Inzwischen die Erdbeeren waschen, Blätter entfernen und die Beeren halbieren oder vierteln. Mit dem Rhabarberkompott mischen, evtl. mit Honig abschmecken.
5. Die Muffins mit dem Erdbeer-Rhabarberkompott servieren.

**Tipp**

**Wer's mag:** Tonkabohne in den Teig reiben – schmeckt leicht nach Marzipan, einfach lecker.

€€€ **Spartipp**

Wem frische Erdbeeren noch zu teuer sind, der kann einfach tiefgekühlte verwenden.

# RHABARBER-COUSCOUS mit Halloumi

Rhabarber schmeckt nicht nur süß, sondern auch herzhaft und sogar roh! Außerdem gilt er als traditionelles Hausmittel gegen Verstopfungen. Das enthaltene Pektin unterstützt unsere Darmbakterien und die Verdauung.

Mai

## NÄHRWERTE

**Zubereitungszeit:** 30 Minuten

**Pro Portion:** 555 kcal, 26,4 g EW, 29,4 g F, 50,3 g KH, 7,8 g BS

**Preis pro Portion:** 1,87 €

## ZUTATEN

*für 4 Portionen*

150 g Couscous

1 TL Honig

Salz

300 g grüner Spargel

200 g Rhabarber

3 Frühlingszwiebeln

1 Bd. Petersilie

1 Dose Kichererbsen (Abtropfgewicht 265 g)

1 Bio-Zitrone

4 EL Rapsöl

Pfeffer, Chilipulver

1 Pckg. Halloumi (ca. 225 g)

## ZUBEREITUNG

1. Couscous und Honig mit 300 ml warmem Wasser übergießen, salzen und quellen lassen.
2. Inzwischen Spargel, Rhabarber, Frühlingszwiebeln und Petersilie waschen. Spargel im unteren Drittel schälen. Rhabarber und Spargel von Endstücken befreien, dann beides in dünne Scheiben schneiden. Frühlingszwiebeln in Röllchen schneiden, dabei 2 EL der grünen beiseitestellen. Petersilie grob hacken, Kichererbsen abtropfen lassen. Zitrone heiß abwaschen, Schale fein abreiben und den Saft auspressen.
3. Alles unter den abgekühlten Couscous ziehen, mit 2 EL Öl, Zitronensaft und -schale, Salz, Pfeffer und Chili abschmecken.
4. Den Halloumi in Scheiben schneiden und im restlichen Öl in der Pfanne von beiden Seiten goldbraun braten. Mit den grünen Zwiebelringen auf dem Couscous anrichten.

**Tipp**

**Für Veganer*innen:** Ahornsirup statt Honig und als Topping marinierten und gebratenen Tofu. Wer mag, kann Halloumi oder Tofu vor dem Braten in Bärlauchblätter wickeln – für noch mehr Geschmack.

**€€€**

**Spartipp**

Etwas günstiger ist Feta als Topping – schmeckt kalt, aus dem Ofen oder paniert und gebraten.

# POLENTAGRÖSTEL mit Zucchini-Tzatziki

Polenta macht schön satt und liefert Mineralstoffe wie Kalium und Magnesium. Der Dip punktet durch Eiweiß und bleibt dank der Zucchini knackiger als traditioneller Tzatziki mit Gurke.

Mai

## NÄHRWERTE

**Zubereitungszeit:** 45 Minuten

**Pro Portion:** 578 kcal, 20,2 g EW, 25,9 g F, 67,9 g KH, 5,4 g BS

**Preis pro Portion:** 0,92 €

## ZUTATEN

*für 4 Portionen*

500 ml Wasser

300 ml Milch

Salz

270 g Maisgrieß

geriebene Muskatnuss

Pfeffer

500 g kleine Zucchini

einige Bärlauchblätter

250 g griechischer Joghurt (10 %)

150 g körniger Frischkäse

3 EL Rapsöl

2 Zwiebeln

1–2 EL Butter

## ZUBEREITUNG

1. Wasser und Milch mit Salz in einer beschichteten, großen Pfanne aufkochen, den Maisgrieß unter Rühren einstreuen und dick kochen lassen. Mit Muskat und Pfeffer abschmecken und in der Pfanne erkalten lassen.
2. Zucchini waschen und in feine Julienne-Streifen hobeln. Bärlauch waschen und hacken. Beides mit dem Joghurt und körnigen Frischkäse verrühren, mit 1 EL Öl, Salz und Pfeffer würzen, kalt stellen.
3. Die Zwiebeln schälen und würfeln. Polenta aus der Pfanne stürzen und in Stücke teilen. Zwiebeln in der Pfanne in 2 EL Öl glasig dünsten. Dann Butter und Polenta zugeben und kräftig knusprig braten, ab und zu umrühren. Mit dem Tzatziki servieren.

**Tipp**

Wer keinen Bärlauch pflücken kann bzw. im Supermarkt bekommt, kann auch einfach Knoblauch verwenden.

€€€

**Spartipp**

Einfacher Naturjoghurt ist etwas günstiger als griechischer Joghurt.

# KARTOFFELN im Spargel-Salat-Nest

Kartoffeln mit Saaten ummantelt sind nicht nur köstlich, sondern echte Nährstoffpakete: pflanzliches Eiweiß, Omega-3-Fettsäuren, Ballaststoffe ... Der grüne Salat mit Spargel, Erdbeeren und Ei ist dazu die perfekte Ergänzung.

Mai

## NÄHRWERTE

**Zubereitungszeit:** 40 Minuten

**Pro Portion:** 523 kcal, 17,2 g EW, 27,4g F, 53,5 g KH, 8,4 g BS

**Preis pro Portion:** 1,90 €

## ZUTATEN

*für 4 Portionen*

900 g neue Kartoffeln

80 g Kernmix (Sesamsaat, Kürbis- und Sonnenblumenkerne)

Salz

5 EL Rapsöl

3 Eier

1 kleiner Kopfsalat

400 g grüner Spargel

200 g Erdbeeren

1 Bio-Zitrone

2 TL Senf

Pfeffer

Balsamico-Creme

## ZUBEREITUNG

1. Den Backofen auf 180 °C vorheizen. Die Kartoffeln waschen und und je nach Größe im Ganzen belassen, längs halbieren oder vierteln. Kernmix, Salz und 3 EL Öl mischen, die Kartoffeln unterheben und auf einem mit Backpapier ausgelegten Backblech verteilen, Schnittfläche nach unten. ca. 30 Minuten knusprig backen.
2. In der Zwischenzeit die Eier in 7–8 Minuten hart kochen und abschrecken, abkühlen lassen. Den Salat waschen, abtropfen lassen und in mundgerechte Stücke zupfen. Spargel waschen, das untere Drittel schälen und Schnittflächen nachschneiden. Den Spargel in ½ cm dünne Scheiben schneiden. Erdbeeren waschen, putzen und vierteln.
3. Die Zitrone auspressen und den Saft mit Senf, Salz und Pfeffer verrühren. Nach und nach Öl unterrühren. Die Eier pellen und grob würfeln. Den Salat mit Spargel und Beeren anrichten, mit Dressing beträufeln, mit Balsamico-Creme und den Eiern toppen. Zu den Knusperkartoffeln reichen.

**Tipp**

Statt Eiern passt auch Mozzarella oder Feta toll in den Salat.

€€€

**Spartipp**

Es müssen nicht unbedingt Erdbeeren sein, sind gerade Heidelbeeren oder Himbeeren im Angebot, schmecken auch die super im Salat.

# OFEN-MÖHREN mit Kräuter-Hirse

Hirse ist ein super Eisenlieferant und damit perfekt für die Veggie-Küche. Kräuter wirken mit ihren ätherischen Ölen antibakteriell und regen den Magen-Darm-Trakt an. Das Beta-Karotin der Möhren wird durchs Garen besser verfügbar.



## NÄHRWERTE

**Zubereitungszeit:** 60 Minuten
**Pro Portion:** 560 kcal, 15,7 g EW, 24 g F, 77,1 g KH, 13,5 g BS
**Preis pro Portion:** 1,47 €

## ZUTATEN

*für 4 Portionen*

1 kg Möhren

1 Bio-Orange

Salz

Pfeffer

4 EL Oliven- oder Rapsöl

80 g geröstete, gesalzene Erdnüsse

350 ml Haferdrink

200 g Hirse

50 g Frühlingskräuter (z. B. Bärlauch, Rucola, Pimpinelle, Petersilie)

150 g Naturjoghurt 3,5 % Fett

## ZUBEREITUNG

1. Backofen auf 200 °C vorheizen. Möhren waschen, schälen und je nach Größe und Dicke ganz lassen oder der Länge nach halbieren/vierteln. Die Orange waschen und die Schale mit einer Reibe fein abreiben. Saft auspressen.
2. Die Möhren in eine ofenfeste Form geben und mit Salz, Pfeffer und der Hälfte der Orangenschale würzen. Dann mit Öl und der Hälfte des Orangensaftes beträufeln, mit den Erdnüssen bestreuen und im Ofen 45–60 Minuten braten, dabei gelegentlich wenden.
3. Den Haferdrink mit der Hirse, Salz, Pfeffer und der übrigen Orangenschale aufkochen, zugedeckt etwa 20 Minuten ausquellen lassen.
4. Inzwischen die Kräuter waschen und samt Stielen im Blitzhacker mit dem übrigen Orangensaft pürieren. Unter die gegarte Hirse ziehen, nochmals abschmecken.
5. Hirse mit den Möhren und dem Joghurt als Topping servieren.

**Tipp**

Mit Soja- statt Naturjoghurt ist das Rezept vegan.
Und: Ofen-Möhren schmecken auch kalt als Antipasti.

€€€

**Spartipp**

Wer keinen Garten hat oder frische Kräuter zu teuer findet, kann auch eine TK-Kräutermischung verwenden.

# BLUMENKOHLPASTA mit Cashew-Carbonara

Die Blätter des Blumenkohls enthalten mehr Vitamine als die Röschen und schmecken frischer. Deshalb unbedingt mitessen: Dann reicht 1 Kopf für 2 Mahlzeiten!

Mai

## NÄHRWERTE

**Zubereitungszeit:** 40 Minuten

**Pro Portion:** 539 kcal, 19,2 g EW, 25,1 g F, 60,3 g KH, 11,1 g BS

**Preis pro Portion:** 1,44 €

## ZUTATEN

*für 4 Portionen*

ca. 750 g Blumenkohl mit Blättern

Salz

120 g Cashewkerne

3 EL Rapsöl

50 g Sauerampfer oder Rucola

½ Bio-Zitrone

2 EL Sojasauce oder Hefeflocken

Pul-Biber-Gewürz (Chiliflocken)

250 ml Haferdrink

250 g Nudeln

## ZUBEREITUNG

1. Den Blumenkohl waschen, Blätter abschneiden, Grün von den Rippen schneiden. Röschen ganz oben von Stiel und Strunk trennen. Rippen, Strunk und Stiele – insgesamt etwa 300 g – grob zerkleinern. Mit 250 ml Wasser, etwas Salz und den Cashews ca. 25 Minuten kochen, bis der Blumenkohl sehr weich ist. Wenn nötig, Wasser zufügen.
2. Inzwischen Blumenkohl-Röschen im Öl zugedeckt ca. 15 Minuten dünsten, nach Bedarf etwas Wasser zugeben.
3. Blumenkohlblätter grob hacken und die letzten Minuten mit garen.
4. Sauerampfer waschen. Die Zitronenschale abreiben, Zitrone auspressen. Zitronensaft und -abrieb, Sauerampfer, Sojasauce und Pul Biber mit der Cashew-Stielmischung samt Sud und Haferdrink im Mixer sehr fein pürieren.
5. Die Nudeln in reichlich Wasser mit Salz al dente garen, abgießen und etwas Nudelwasser zur Cashewsauce geben. Dann Nudeln mit dem Blumenkohlgemüse mischen und mit der Sauce servieren.

**Tipp**

Die Sauce erst unmittelbar vor dem Essen zugeben – die Nudeln quellen sonst weiter und der Mix wird trocken.

€€€

**Spartipp**

Blumenkohlblätter mitzuverwenden spart Geld, ist gesund und schmeckt super. Immer Stiel von Blättern trennen – die Garzeiten sind zu unterschiedlich.

# BLUMENKOHL-Pizza

Blumenkohl ist leichter verdaulich als andere Kohlsorten. Er enthält reichlich Ballaststoffe und tut damit unserer Darmflora gut. Als Grundlage für Pizzaboden ist er eine tolle Low-Carb-Alternative.



## NÄHRWERTE

**Zubereitungszeit:** 60 Minuten

**Pro Portion:** 501 kcal, 28,8 g EW, 36,8 g F, 18,9 g KH, 8,9 g BS

**Preis pro Portion:** 1,87 €

## ZUTATEN

*für 4 Portionen*

600 g Blumenkohl

1 Knoblauchzehe

1 Rosmarinzweig

2 Eier

150 g fettarmer Reibekäse

100 g gemahlene Mandeln

1 TL Salz

3–4 EL Olivenöl

200 g passierte Tomaten

4 EL Tomatenmark

Pfeffer

100 g Champignons

100 g geriebener Mozzarella

## ZUBEREITUNG

1. Blumenkohl in einem Mixer fein zerkleinern und in einer beschichteten Pfanne unter Rühren etwa 5 Minuten vorgaren, abkühlen lassen. Inzwischen den Knoblauch abziehen und die Rosmarinnadeln vom Stiel streifen. Beides hacken.
2. Die Blumenkohl-Masse mit Eiern, Reibekäse, gemahlenen Mandeln, Knoblauch, Rosmarin und Salz mischen. Auf einem mit Backpapier belegten Blech verteilen. Mit dem Öl bestreichen. Bei 180 °C Umluft im Backofen 20 Minuten vorbacken.
3. Die passierten Tomaten mit Tomatenmark, Salz und Pfeffer mischen und auf die Pizza streichen. Champignons putzen, dünn schneiden und auf der Pizza verteilen. Mit Mozzarella bestreuen und weitere 15 Minuten im Ofen backen.

**Tipp**

Belegen könnt ihr die Blumenkohl-Pizza natürlich wie es euch am besten schmeckt.

**€€€**

**Spartipp**

Wer sich die gemahlenen Mandeln sparen will, kann stattdessen auch Mehl verwenden.

# NUSS-GRIESSNOCKERL *auf Spinat*

In Grieß stecken sämtliche B-Vitamine – insbesondere Niacin (Vitamin B3), das für das Nervensystem, unsere Psyche und die Haut wichtig ist. Spinat ergänzt das zusätzlich mit viel Vitamin C, Eisen und Beta-Carotin.



## NÄHRWERTE

**Zubereitungszeit:** 40 Minuten

**Pro Portion:** 589 kcal, 31,2 g EW, 35,2 g F, 37,6 g KH, 7,8 g BS

**Preis pro Portion:** 1,94 €

## ZUTATEN

*für 4 Portionen*

400 g Magerquark

2 Eier

150 g Dinkelvollkorn-Grieß

Salz

50 g Walnusskerne

700 g Blattspinat

2 Zwiebeln

1 Knoblauchzehe

2–3 EL Rapsöl

Pfeffer

geriebene Muskatnuss

200 g Schmand

## ZUBEREITUNG

1. Quark mit Eiern, Grieß und Salz verrühren. Die Nüsse grob hacken, in einer Pfanne anrösten, unter den Teig ziehen. Ist er nach 10 Minuten zu weich, um Nockerl abzustechen, noch etwas Grieß zugeben.
2. Spinat waschen, verlesen und hacken. Zwiebeln und Knoblauch schälen und fein würfeln. Das Öl in einer Pfanne erhitzen und die Zwiebeln glasig andünsten. Knoblauch und nach und nach Spinat zugeben, mit Deckel bei geringer Hitze zusammenfallen lassen. Mit Salz, Pfeffer und Muskat würzen. Schmand unter den Spinat mischen.
3. Währenddessen Wasser in einem Topf zum Kochen bringen. Mit nassen Esslöffeln ca. 20 Nockerl aus dem Teig formen und in leicht siedendem Wasser 5 Minuten garen. Wenden und weitere 5 Minuten garen. Zum Spinat in die Pfanne geben, dort noch einmal ziehen lassen, zusammen servieren.

**Tipp**

Parmesan, Streukäse oder Hefeflocken schmecken super als Topping.

**€€€**

**Spartipp**

Wem frischer Spinat zu teuer ist, der kann einfach TK-Spinat verwenden.

# RHABARBER-PFANNKUCHEN
## mit Erdbeercreme

Kalorien enthält Rhabarber kaum, dafür aber umso mehr Vitamine und Mineralstoffe wie Vitamin C und K, Kalium und Calcium. Erdbeeren enthalten sogar mehr Vitamin C als Orangen und Co. – perfektes Duo.

Mai

### NÄHRWERTE

**Zubereitungszeit:** 30 Minuten

**Pro Portion:** 524 kcal, 14 g EW, 24,8 g F, 61 g KH, 7,6 g BS

**Preis pro Portion:** 1,53 €

### ZUTATEN

*für 4 Portionen*

50 g Rosinen

5 Eiweiß

200 ml süße Sahne

200 g Dinkelmehl (Type 1050)

Salz

1 TL Zimtpulver

300 g Rhabarber

400 g Erdbeeren

2 EL Honig

3 EL Öl

### ZUBEREITUNG

1. Die Rosinen grob hacken. 3 Eiweiß und die Rosinen mit dem Pürierstab zu einer glatten Masse schlagen, nach und nach 100 ml Sahne zufügen. Dann das Mehl, Salz und Zimt unterrühren.
2. Den Rhabarber waschen, in möglichst dünne Scheiben schneiden und unter den Teig ziehen. Die Erdbeeren putzen, klein schneiden und mit dem Honig beträufeln.
3. Die übrigen 2 Eiweiß sehr steif schlagen und unter den Teig ziehen. In einer beschichteten Pfanne das Öl erhitzen und eine Kelle Teig in die Pfanne geben. Von beiden Seiten goldgelb backen. 3 weitere Pfannkuchen ausbacken.
4. Die restliche Sahne steif schlagen, Erdbeeren unterziehen und zu den Puffern reichen.

**Tipp**

Statt Rosinen eignen sich auch Datteln hervorragend.

**€€€**

**Spartipp**

Etwas günstiger: TK-Beeren oder anderes Obst in der Creme dazu servieren.

# TOFU-LINSEN-Bowl

Tofu und Berglinsen sind wunderbare Proteinlieferanten und enthalten im Gegensatz zu tierischen Eiweißquellen kaum gesättigte Fette. Durch die Kombination mit den Kartoffeln ergibt sich ein vollwertiges Eiweißprofil.

## NÄHRWERTE

**Zubereitungszeit:** 40 Minuten

**Pro Portion:** 574 kcal, 32,4 g EW, 27,5 g F, 55,9 g KH, 13,0 g BS

**Preis pro Portion:** 1,82 €

## ZUTATEN

*für 4 Portionen*

400 g Tofu

1 Knoblauchzehe

6 EL Sojasauce

½ TL Paprikapulver

150 g Berglinsen

Salz

600 g festkochende Kartoffeln

1 Beet Kresse

1 Bund Radieschen mit Grün

1 Salatherz (ca. 200 g)

6 EL Rapsöl

4 TL Dijonsenf

4 EL Apfelessig

Pfeffer

40 g Sesamsaat

## ZUBEREITUNG

1. Tofu mit Küchenpapier auspressen, um ihm Wasser zu entziehen. Danach in Streifen schneiden und in einer Marinade aus Knoblauch, Sojasauce und Paprikapulver ziehen lassen.
2. Währenddessen die Linsen mit der doppelten Menge Wasser und 1 TL Salz in einem Topf nach Packungsangabe (ca. 20–30 Minuten) köcheln lassen. Die Kartoffeln waschen und schälen, in etwa 1 cm kleine Würfel oder Spalten schneiden und in einem separaten Topf mit Wasser und 1 TL Salz aufkochen.
3. Kresse, Radieschen samt Grün und Salatherz waschen. Radieschenblätter abschneiden, Stiele fein hacken, Wurzeln entfernen, Radieschen vierteln. Das Salatherz in mundgerechte Stücke zupfen. Die Kresse vom Beet schneiden.
4. Tofu aus der Marinade nehmen und mit 3 EL Öl in einer Pfanne kräftig von beiden Seiten anbraten. Inzwischen Kartoffeln und Linsen abtropfen und etwas abkühlen lassen.
5. Aus Senf, Essig, 3 EL Öl, Salz und Pfeffer ein Dressing rühren. Bowls mit Salatherzen auslegen. Darin Kartoffeln, Linsen und Radieschen samt Grün anrichten, mit Dressing übergießen. Tofustreifen in Sesamsamen wenden, auf der Bowl platzieren und mit Kresse garnieren.

**Tipp**

Eignet sich auch super für unterwegs, einfach gleich mehr zubereiten.

**€€€**

**Spartipp**

Der Tofu schmeckt auch toll ohne Sesam und Kresse, nur mit Marinade.

# UPSIDE-DOWN-Tarte

**Grüner Spargel wächst im Gegensatz zu weißem über der Erde. Durch die Sonnenbestrahlung enthält er mehr Vitamin C. Er schmeckt auch intensiver und ist kombiniert mit Oliven und Rosmarin eine tolle Interpretation einer herzhaften Tarte Tatin.**

Juni

## NÄHRWERTE

**Zubereitungszeit:** 75 Minuten

**Pro Portion:** 526 kcal, 19,8 g EW, 30,4 g F, 47,4 g KH, 8,5 g BS

**Preis pro Portion:** 1,99 €

## ZUTATEN

*für 4 Portionen*

750 g grüner Spargel

100 g grüne Oliven

1 Rosmarinzweig

220 g Vollkorn-Weizenmehl

2 TL Backpulver

Salz

Pfeffer

½ TL Kurkuma

4 Eier

100 g Magerquark

8 EL Olivenöl

## ZUBEREITUNG

1. Den Spargel gründlich waschen, im unteren Teil schälen, Schnittflächen nachschneiden. Eine Springform (27 cm ø) mit etwas Öl einfetten. Spargelstangen so zurechtschneiden, dass sie sternförmig in die Form passen, die Spitzen zeigen zur Mitte. Den Rest klein würfeln und in den Lücken verteilen. Wenn die Lücken mit Spargelstückchen gefüllt sind, den Rest im nächsten Schritt mit unter den Teig heben.
2. Oliven und Rosmarin grob hacken. Das Mehl mit Backpulver und Gewürzen mischen. Oliven und Rosmarin unterheben. Den Backofen auf 180 °C vorheizen.
3. Die Eier mit dem Quark und dem Öl verrühren. Nach und nach den Mehlmix unterheben und mit einem feuchten Löffel auf dem Spargel verteilen. Form in den heißen Ofen schieben und 30–35 Minuten backen.
4. Tarte stürzen und warm oder kalt genießen – am besten mit grünem Salat.

**Tipp**

Wem der Oliven-Geschmack zu intensiv ist, kann stattdessen auch getrocknete Tomaten verwenden.

€€€

**Spartipp**

Etwas anders, aber günstiger und auch sehr lecker: Staudensellerie statt Spargel.

# TOFU-BULETTEN mit Kartoffelsalat

Kartoffelsalat mit Radieschen. Das macht den Salat farbenfroher und nährstoffreicher. Radieschen mitsamt Grün punkten mit Vitamin C, Folsäure und Kalium. Für ihren scharfen Geschmack sorgen Senföle – die wirken antibiotisch und entgiftend.

Juni

## NÄHRWERTE

**Zubereitungszeit:** 60 Minuten
**Pro Portion:** 566 kcal, 16,4 g EW, 35,5 g F, 47,7 g KH, 6,3 g BS
**Preis pro Portion:** 1,15 €

## ZUTATEN

*für 4 Portionen*

700 g festkochende Kartoffeln
Salz
1 Bund Radieschen mit Grün
3 Frühlingszwiebeln
2 Knoblauchzehen
8 EL Rapsöl
2 EL Weißweinessig
1 EL mittelscharfer Senf
Pfeffer
3 getrocknete Tomaten
200 g Räuchertofu
1 Ei
35 g Weizenmehl (Type 1050)
2–3 EL Tomatenmark
Paprikapulver

## ZUBEREITUNG

1. Kartoffeln gründlich waschen, in Salzwasser 20–30 Minuten weich garen. Kalt abschrecken, schälen und in Scheiben schneiden.
2. Radieschen samt Grün und Frühlingszwiebeln waschen. Stiele und Blätter der Radieschen fein hacken, Knollen in dünne Scheiben schneiden. Zwiebeln von Wurzel und Welkem befreien, in dünne Rädchen schneiden. Knoblauchzehen schälen und hacken, jeweils die Hälfte davon für die Buletten zur Seite legen.
3. Ein Dressing aus 5 EL Rapsöl, Weißweinessig, Senf, Salz und Pfeffer rühren. Darin Kartoffeln und je die Hälfte der Zwiebelnund des Knoblauchs untermischen und ziehen lassen.
4. Für die Buletten die getrockneten Tomaten fein würfeln. Räuchertofu mit dem Stabmixer pürieren, mit Ei, Weizenmehl und Tomatenmark verkneten. Die Hälfte der Radieschen und den Rest von Zwiebeln und Knoblauch dazugeben und alles mit Salz, Pfeffer und Paprikapulver würzen. 20 Minuten quellen lassen.
5. Mit nassen Händen 6-8 Buletten formen und in 3 EL Rapsöl von beiden Seiten knusprig anbraten. Das übrige Radieschen-Zweierlei unter den Salat heben und mit den Tofu-Buletten servieren.

**Tipp**

Je flacher ihr die Buletten formt, desto knuspriger werden sie.

**€€€**

**Spartipp**

Am besten gleich die doppelte Menge Kartoffeln kochen, dann gibt's am nächsten Tag ein Bratkartoffel-Rezept (z. B. das auf der nächsten Seite).

# BRATKARTOFFELN
## mit gefüllten Tomaten

Kartoffeln stecken voller Vitamine, Mineralstoffe und Co. Vorgekocht, abgekühlt und als Bratkartoffeln zubereitet profitiert unser Darm auch noch von den resistenten Stärken. Dazu Rosmarin und Kürbiskerne geröstet – sorgen für extra Crunch und Geschmack.

Juni

### NÄHRWERTE

**Zubereitungszeit:** 35 Minuten

**Pro Portion:** 511 kcal, 19,7 g EW, 31,7 g F, 39,2 g KH, 5,9 g BS

**Preis pro Portion:** 1,91 €

### ZUTATEN

*für 4 Portionen*

200 g Mozzarella

1 Bund Basilikum (ca. 40 g)

8 große Tomaten

5 EL Öl

2–3 EL Balsamico-Creme

Salz, Pfeffer

3–4 Rosmarinzweige

800 g festkochende Kartoffeln

70 g Kürbiskerne

### ZUBEREITUNG

1. Mozzarella abgießen und in kleine Würfel schneiden. Basilikum waschen und grob hacken. Tomaten waschen, einen „Deckel" abschneiden, Strunk entfernen, und Tomaten aushöhlen. Deckel und Tomateninneres hacken und in ein Sieb geben, um überschüssiges Wasser abzutropfen.
2. Gehackte Tomaten mit Mozzarella, Basilikum, 1 EL Öl und Balsamico-Creme vermischen, mit Salz, Pfeffer würzen. Tomaten-Mozzarella-Mischung gleichmäßig in die ausgehöhlten Tomaten füllen.
3. Rosmarin waschen und zupfen. Kartoffeln gründlich waschen, in Salzwasser 20–30 Minuten garen, abschrecken, schälen und in Scheiben schneiden. In einer Pfanne mit 4 EL Öl knusprig braten, in den letzten Minuten Rosmarin und Kürbiskerne zugeben, mit Salz und Pfeffer abschmecken.
4. Bratkartoffeln mit gefüllten Tomaten servieren. Zum Garnieren kann nach Belieben noch Balsamico-Creme über die Tomaten geträufelt werden.

**Tipp**

Tomaten müssen zum Aushöhlen frisch & fest sein. Überschüssiges Tomatenwasser in einer Schüssel auffangen und zum Verfeinern für die nächste Suppe/Pastasauce aufheben.

**€€€**

**Spartipp**

Mozzarella-Stangen sind etwas günstiger als die Kugeln.

Zeitersparnis: Tomaten direkt als Ganzes hacken und Tomate-Mozzarella-Salat zubereiten.

# NUDELN mit Erbsen-Erdnuss-Pesto

Grünes Pesto mal anders: mit reichlich Hülsenfrüchten. Dadurch strotzt dieses Pasta- Gericht nur so vor Ballaststoffen, pflanzlichem Eiweiß und guten Fetten. Vollkorn-Nudeln dazu und ihr werdet richtig schön satt.

## NÄHRWERTE

**Zubereitungszeit:** 30 Minuten

**Pro Portion:** 562 kcal, 25,4 g EW, 18,7 g F, 79,2 g KH, 13,4 g BS

**Preis pro Portion:** 1,12 €

## ZUTATEN

*für 4 Portionen*

600 g grüne Erbsen (frisch oder TK)

1 Bund Basilikum

100 g geröstete Erdnüsse

Salz, Pfeffer

250 g Vollkorn-Spaghetti

1–2 EL Butter

## ZUBEREITUNG

1. Frische Erbsen waschen, tiefgefrorene auftauen lassen. Basilikum waschen, trocken schütteln. Die Hälfte Erbsen mit den gerösteten Erdnüssen und Basilikum nach und nach fein pürieren. Großzügig pfeffern und würzen.
2. Nudeln in kochendem Wasser mit Salz nach Packungsaufschrift garen, Nudelwasser auffangen und ca. 1 Tasse zum Pesto geben und nochmal cremig pürieren.
3. In einer beschichteten Pfanne Butter erhitzen, die übrige Hälfte Erbsen darin schwenken und die Nudeln zugeben. Pesto zur Nudelpfanne reichen.

**Tipp**

Wem die Süße der Erbsen zu intensiv ist, kann gut mit Parmesan gegensteuern.

**€€€**

**Spartipp**

Kleine Ersparnisse durch: Öl statt Butter, normale Spaghetti statt Vollkorn, TK-Basilikum.

# TORTILLA mit Kohlrabi

Spanische Tortilla auf deutsch: mit Kohlrabi! Die Knolle ist besonders reich an Vitamin C und Beta-Carotin – insbesondere in den Blättern, deswegen unbedingt mitverarbeiten! Kartoffeln und Feta machen daraus eine runde Mahlzeit.

## NÄHRWERTE

**Zubereitungszeit:** 45 Minuten

**Pro Portion:** 510 kcal, 20,2 g EW, 32,9 g F, 34,5 g KH, 3,65 g BS

**Preis pro Portion:** 1,74 €

## ZUTATEN

*für 4 Portionen*

300 g Kohlrabi mit Grün

600 g festkochende Kartoffeln

1 Bund Frühlingszwiebeln

1–2 Knoblauchzehen

7 EL Olivenöl

Salz

6 Eier

Pfeffer

Muskatnuss

150 g Feta

## ZUBEREITUNG

1. Gemüse und Kartoffeln waschen. Kohlrabiblätter hacken, Stiele in Röllchen schneiden. Kohlrabiknollen und Kartoffeln schälen, vierteln und in dünne Scheiben scheiden. Frühlingszwiebel von Wurzeln und Welkem befreien, in dünne Ringe schneiden. Knoblauch schälen und hacken.
2. Kartoffeln und Kohlrabischeiben und -stielröllchen salzen, mit 2 EL Olivenöl in einer beschichteten Pfanne mit Deckel (24 cm ø) ca. 5 Minuten zugedeckt langsam garen und häufig wenden. Dann Zwiebeln, Blätter, Knoblauch und 1 EL Öl zugeben und weitere 5–10 Minuten garen. Aus der Pfanne nehmen und abkühlen lassen.
3. Die Eier miteinander verquirlen, mit Salz, Pfeffer und Muskatnuss würzen. Alles mit dem abgekühlten Kartoffelmix und gewürfelten Feta mischen.
4. Restliches Olivenöl in der Pfanne erhitzen und die Masse in die Pfanne geben. Gut festdrücken und mit Deckel bei kleiner Hitze stocken lassen. Nach ca. 5–8 Minuten die Tortilla am besten mit einer Tortenscheibe oder einem großen Teller wenden und wieder in die Pfanne gleiten lassen. Weitere 5 Minuten zugedeckt braten.

**Tipp**

Als Beilage passt Tomatensalat oder grüner Salat.

€€€ **Spartipp**

Statt Feta eignet sich auch Hirtenkäse super, der ist etwas günstiger.

# NUDEL-SPITZKOHL-*Pfanne*

Spitzkohl ist sehr kalorienarm und regt durch seine vielen Ballaststoffe die Verdauung an. Außerdem enthält er Ascorbigen. Das wird beim Kochen in Vitamin C umgewandelt. Ei und Sonnenblumenkerne liefern sättigendes Eiweiß und gute Fette.



## NÄHRWERTE

**Zubereitungszeit:** 35 Minuten

**Pro Portion:** 568 kcal, 26,5 g EW, 18,3 g F, 78,6 g KH, 11,3 g BS

**Preis pro Portion:** 1,77 €

## ZUTATEN

*für 4 Portionen*

1 Spitzkohl (0,8–1 kg)

1 Knoblauchzehe

1 Zwiebel

½ Bund Sauerampfer

½ Bund Koriander

300 g Tagliatelle

Salz

3 EL Rapsöl

1 TL gemahlener Kreuzkümmel

Pfeffer

4 Eier

100 g Buttermilch

50 g Sonnenblumenkerne

## ZUBEREITUNG

1. Spitzkohl waschen, vierteln, Strunk entfernen, in Streifen schneiden. Knoblauch und Zwiebel schälen und würfeln. Sauerampfer und Koriander waschen, trocken schütteln und fein hacken.
2. Nudeln in kochendem Salzwasser nach Packungsangabe al dente garen.
3. 3 EL Öl in einer Pfanne erhitzen, Zwiebeln, Knoblauch und Kreuzkümmel kurz andünsten. Spitzkohl dazugeben, salzen, pfeffern und zugedeckt bei kleiner Hitze ca. 5 Minuten garen.
4. Inzwischen die Eier mit Buttermilch, Sauerampfer und Koriander verquirlen und mit Salz und Pfeffer würzen. Den Spitzkohl an den Rand der Pfanne schieben, die Eiermischung dazugießen, kurz stocken lassen und dann mit dem Spitzkohl verrühren.
5. In einer separaten Pfanne Sonnenblumenkerne ohne Öl anrösten. Nudeln abtropfen lassen und unter die Spitzkohl-Eier-Mischung geben, mit Salz und Pfeffer abschmecken und mit gerösteten Sonnenblumenkernen servieren.

**Tipp**

Wer's „sauciger" will, einfach etwas Nudelwasser und einen Schuss Sahne zugeben.

€€€

**Spartipp**

Es muss nicht unbedingt Sauerampfer und Koriander sein, wählt die Kräuter, die ihr im Garten habt oder die im Angebot sind.

# SCHOKO-MILCHREIS
## mit Pfirsich-Salat

Dieser Schoko-Milchreis kommt völlig ohne Zucker aus – Süße und Geschmack hat er allein Datteln und Kakao zu verdanken. Beides liefert übrigens reichlich Magnesium und Eisen. Die frischen Pfirsiche ergänzen das Ganze mit Selen, Zink und Vitamin B3.

Juni

### NÄHRWERTE

**Zubereitungszeit:** 30 Minuten

**Pro Portion:** 547 kcal, 13,4 g EW, 16,0 g F, 92,0 g KH, 10,8 g BS

**Preis pro Portion:** 1,66 €

### ZUTATEN

*für 4 Portionen*

100 g Datteln

100 g ungeschälte Mandeln

200 g Milchreis

400 ml Haferdrink

2 EL Backkakao

600 g Pfirsiche

½ Bund Zitronenmelisse

½ Bio-Zitrone

2 EL Honig

### ZUBEREITUNG

1. Datteln und Mandeln hacken. Mit dem Milchreis, dem Haferdrink und Kakaopulver in einem Topf langsam zum Kochen bringen. Zugedeckt ca. 25 Minuten köcheln lassen, dabei öfter umrühren.
2. Inzwischen die Pfirsiche waschen, halbieren, vom Kern befreien und in Spalten schneiden. Zitronenmelisse waschen, trocken schütteln. Zitrone waschen, Schale oberflächlich abreiben und aus der Hälfte Saft auspressen. Mit 1 EL Honig verrühren und über die Pfirsiche träufeln. Zitronenmelisse dazwischen streuen.
3. Milchreis mit 1 EL Honig abschmecken und mit den Pfirsichen servieren.

**Tipp**

Statt Zitronenmelisse eignet sich auch Minze hervorragend.

€€€

**Spartipp**

Falls Aprikosen oder Nektarinen im Angebot sind – schmeckt auch toll.

Juli

# PFANNENBROT *mit griechischer Füllung*

Das Pfannenbrot ist eine beliebte Variante des Fladenbrots, denn es ist schnell und einfach zubereitet. Gefüllt mit mediterranem Gemüse, cremigem Hirtenkäse und herrlich erfrischendem Joghurt-Dip ist es der perfekte Sommer-Snack!

## NÄHRWERTE

**Zubereitungszeit:** 30 Minuten + 60 Minuten Gehzeit

**Pro Portion:** 516 kcal, 21,8 g EW, 21,7 g F, 58,5 g KH, 3,8 g BS

**Preis pro Portion:** 1,55 €

## ZUTATEN

*für 4 Portionen*

250 g Weizenmehl (Type 1050)
Salz
½ Päckchen Trockenhefe
1–2 EL Butter
200 ml Buttermilch
½ TL Honig
1 Salatgurke
300 g kleine Tomaten
1 Paprika
250 g Hirtenkäse
1 Gemüsezwiebel
1 Bund Petersilie
250 g Naturjoghurt 3,5 % Fett
Pfeffer, Chilipulver

## ZUBEREITUNG

1. Das Mehl mit 1 Prise Salz und Hefe mischen. Die Butter schmelzen und Buttermilch und Honig zugeben, dann zum Mehl geben und gut durchkneten. Der Teig sollte nicht mehr kleben. Nach Bedarf noch etwas Mehl hinzugeben. Etwa 1 Stunde an einem warmen Ort gehen lassen.
2. Inzwischen Gurke, Tomaten, Paprika putzen, waschen und in mundgerechte Stücke schneiden. Den Hirtenkäse würfeln. Die Zwiebel schälen, halbieren und in dünne Halbringe schneiden. Alles zu einem Salat mischen.
3. Die Petersilie waschen und grob hacken. Joghurt und Petersilie verrühren, mit Salz, Pfeffer und etwas Chili abschmecken.
4. Wenn der Teig sein Volumen etwa verdoppelt hat, in 4 Portionen teilen und ca. 1 cm dünn ausrollen. Nach Bedarf noch etwas Mehl hinzugeben. Die Fladen in einer heißen Pfanne ohne Öl ausbacken. Sobald der Fladen aufgeht, einmal wenden und fertig backen.
5. Die frischen Fladen aufschneiden und mit dem Joghurt-Dip und dem griechischen Salat-Mix füllen.

**Tipp**

Lasst ihr den Teig über Nacht gehen, reicht die Hälfte der Hefe.

€€€ **Spartipp**

Falls ihr noch Kräuter auf Vorrat habt, könnt ihr auch diese statt der Petersilie für den Dip verwenden. Geeignet sind z. B. Minze, Thymian oder Oregano.

# GEGRILLTE AUBERGINE *mit Cashewcreme*

Auberginen sind sehr kalorienarm, in Sachen Nährwerte punkten sie dafür umso mehr, sie sind reich an B-Vitaminen, Vitamin C und Kalium. Cashews sind eine wunderbare Quelle für Magnesium, Protein und gesunde Fette – püriert mit Zitronensaft ergibt sich eine erfrischende Creme.

Juli

## NÄHRWERTE

**Zubereitungszeit:** 35 Minuten

**Pro Portion:** 523 kcal, 16,6 g EW, 27,9 g F, 54,4 g KH, 7,5 g BS

**Preis pro Portion:** 1,12 €

## ZUTATEN

*für 4 Portionen*

2 Auberginen (ca. 600 g)

2–3 Thymianzweige

Salz, Pfeffer

5 EL Olivenöl

100 g Cashewkerne

1 Bio-Zitrone

2 Tomaten (ca. 150 g)

1 kleine Zwiebel

1 TL Honig

350 g Fladenbrot vom Vortag

## ZUBEREITUNG

1. Die Auberginen waschen, Stiele entfernen und das Gemüse in etwa 1,5 cm große Stücke schneiden. Thymiannadeln von den Stielen streifen. Die Hälfte mit Salz, Pfeffer und 4 EL Öl unter die Auberginen mischen. Auf einem Backblech verteilen und im Backofen etwa 10 Minuten grillen, bis sie bräunen. Nach 5 Minuten einmal umrühren.
2. Inzwischen die Cashewkerne in einer Pfanne ohne Öl rösten, bis sie braune Stellen bekommen. Mit 150 ml Wasser ablöschen. Die Zitronenschale abreiben und die Zitronen auspressen. Saft und Schale mit den Cashews, Salz und Pfeffer im Blitzhacker nach und nach sehr fein mixen. Nach Bedarf noch etwas heißes Wasser zugeben.
3. Die Tomaten waschen, den Stielansatz entfernen und in kleine Stücke schneiden. Zwiebel schälen und sehr fein hacken. Beides mit 1 EL Öl, Honig, Salz und Pfeffer mischen.
4. Das Brot toasten, in Stücke zupfen und auf 4 großen Tellern verteilen. Die Auberginen und den übrigen Thymian darauf streuen, die Cashewcreme darüber verteilen und mit dem Tomatenmix bestreuen.

**Tipp**

Wenn man die Aubergine erst halbiert und dann jede Hälfte in Längsspalten schneidet, hat jedes Stück den gleichen Schalenanteil.

€€€

**Spartipp**

Statt Fladenbrot kann jedes altbackene Brot verwendet werden, einfach in dünne Scheiben schneiden und toasten.

# GLASNUDELSALAT mit Sojaschnetzel

Juli

Sojaschnetzel sind die heimlichen Spitzenreiter unter den pflanzlichen Proteinquellen: 52 g Eiweiß pro 100 g. Durch den hohen Ballaststoffgehalt wirken sie zusätzlich sättigend. Der leichte Glasnudelsalat mit dem erfrischendem Limetten-Dressing rundet das Gericht perfekt ab!

## NÄHRWERTE

**Zubereitungszeit:** 30 Minuten

**Pro Portion:** 510 kcal, 19,0 g EW, 18,6 g F, 67,5 g KH, 10,2 g BS

**Preis pro Portion:** 1,66 €

## ZUTATEN

*für 4 Portionen*

6 EL Sojasauce
100 g Sojaschnetzel
2 Zwiebeln
1 rote Paprika
500 g grüne Bohnen
200 g Glasnudeln
4 EL Rapsöl
4 EL Tomatenmark
Pfeffer
1 Knoblauchzehe
1 nussgroßes Stück Ingwer
1 EL Sesamöl
20 g Sesamsaat
1 TL Honig
2 Bio-Limetten
1 Zweig Minze

## ZUBEREITUNG

1. 400 ml heißes Wasser mit 4 EL Sojasauce und den Sojaschnetzel mischen und 10 Minuten einweichen lassen.
2. Inzwischen die Zwiebeln schälen, Paprika putzen und waschen und beides in Würfel schneiden. Die Bohnen waschen, die Enden abschneiden und halbieren.
3. Die Sojaschnetzel abgießen, das Einweichwasser auffangen. Die Glasnudeln mit kochendem Wasser übergießen und bedeckt 4–5 Minuten ziehen lassen.
4. Zwiebeln, Paprika und Bohnen in der Pfanne im Öl anbraten, dann die Sojaschnetzel dazugeben. Das Tomatenmark mit anrösten, dann mit dem Einweichwasser ablöschen und 10 Minuten zugedeckt schmoren lassen. Mit Pfeffer abschmecken.
5. Den Knoblauch und den Ingwer schälen und beides fein hacken. 2 EL Sojasauce mit Sesamöl, Sesam, Honig, dem Knoblauch und Ingwer vermischen. Den Abrieb einer Limette hinzugeben und den Saft dazu pressen.
6. Die Glasnudeln abgießen, mit Sojaschnetzel-Gemüse-Mix auf einem Teller anrichten, Dressing darüber träufeln und mit frischer Minze garnieren.

**Tipp**

Mit einem Löffel geht das Ingwerschälen am Besten.

€€€ **Spartipp**

Statt Limetten können auch Zitronen verwendet werden.

Wenn kein Sesamöl im Haus ist, kann auch etwas Sesam in Rapsöl geröstet werden.

# WIRSING-KARTOFFEL-*Küchle*

Wirsing ist ein vielseitiges Gemüse, hier kommt es mit Kartoffeln gepaart als eine Art Frikadelle auf den Teller. Die würzige Paprikanote des Ajvar-Dip verleiht diesem Gericht das gewisse Etwas.

*Juli*

## NÄHRWERTE

**Zubereitungszeit:** 50 Minuten
**Pro Portion:** 509 kcal, 15,1 g EW, 33,0 g F, 40,3 g KH, 5,16 g BS
**Preis pro Portion:** 1,03 €

## ZUTATEN

*für 4 Portionen*

600 g Kartoffeln

1 Zwiebel

2 Knoblauchzehen

½ Bund Petersilie

½ Wirsing (ca. 400 g)

2 Eier

5 EL Mehl

Salz, Pfeffer, Muskatnuss

5–6 EL Rapsöl

150 g Frischkäse

50 g Schmand

2–3 EL Ajvar

150 g Gurke

## ZUBEREITUNG

1. Kartoffeln waschen und ca. 20–25 Minuten in Salzwasser kochen. Abgießen, schälen und raspeln, dann abkühlen lassen.
2. Zwiebel und Knoblauch schälen, Petersilie waschen, Wirsing waschen und den Strunk entfernen. Alles fein hacken oder in einer Küchenmaschine zerkleinern.
3. Kartoffeln, Wirsing, Zwiebeln, Petersilie und die Hälfte des Knoblauchs in eine Schüssel geben. Eier und Mehl dazugeben und vermischen. Mit Salz, Pfeffer und Muskat würzen.
4. Mit befeuchteten Händen beliebig große Frikadellen formen und in einer Pfanne langsam in etwas Öl etwa 5 Minuten von beiden Seiten goldbraun braten.
5. Frischkäse und Schmand mit Ajvar und dem Rest Knoblauch verrühren. Mit Salz und Pfeffer abschmecken.
6. Die Gurke waschen, in handliche Stifte schneiden und zu den Frikadellen servieren.

**Tipp**

Für eine knusprige Panade die Küchle vor dem Braten in Semmelbröseln wälzen.

€€€
**Spartipp**

Ajvar kann auch durch reichlich Paprikapulver, Paprika-/Tomatenmark, rotes Pesto oder Harissa ersetzt werden.

# FALSCHE Wirsing-Quiche

Quiche mal anders: Wirsing ist nicht nur eine Vitamin C-Bombe, sondern auch reich an Ballaststoffen und wirkt daher auch ohne viel „Zubehör" sättigend. Würziger Cheddar in der Füllung und knusprig gebackene Semmelbrösel on top machen das Ganze rund!

Juli

## NÄHRWERTE

**Zubereitungszeit:** 30 Minuten + 30 Minuten Backzeit

**Pro Portion:** 563 kcal, 19,7 g EW, 40,9 g F, 31,7 g KH, 4,39 g BS

**Preis pro Portion:** 1,50 €

## ZUTATEN

*für 4 Portionen*

½ Wirsing (ca. 400 g)
2 EL Rapsöl
Salz, Pfeffer
frisch geriebene Muskatnuss
250 g kleine Tomaten
1 Zwiebel
1 Knoblauchzehe
1 Zweig Rosmarin
200 ml Milch
200 g Sahne
2 Eier
2–3 EL Tomatenmark
100 g geriebener Cheddar
80 g Semmelbrösel
4–5 EL Olivenöl

## ZUBEREITUNG

1. Den Wirsing waschen und ca. 12 Blätter vom Strunk schneiden. Bei der Hälfte der Blätter die Rippen rausschneiden.
2. Ein tiefes Backblech mit Öl einfetten. Die rippenlosen Wirsingblätter auf dem Backblech überlappend auslegen, dabei leicht mit Salz, Pfeffer und Muskat würzen. Im Backofen bei 200 °C (Umluft) etwa 10 Minuten vorgaren.
3. Den Rest des Wirsings, einschließlich der Rippen, fein hacken. Tomaten waschen und vierteln. Zwiebeln und Knoblauch schälen und fein würfeln. Rosmarin waschen, Nadeln abstreifen und grob hacken.
4. Milch mit Sahne, Eiern, Tomatenmark, Salz, Pfeffer und Muskat verquirlen. Käse, Tomaten, Zwiebel, Knoblauch, Rosmarin und gehackte Kohlreste unterrühren. Die Mischung auf den Blättern verteilen. Die Semmelbrösel darüber streuen und das Ganze mit 4–5 EL Olivenöl beträufeln.
5. Die Quiche im Backofen (Mitte) bei 200 °C (Umluft) etwa 30 Minuten backen. Eventuell mit Backpapier abdecken, damit die Quiche nicht zu dunkel wird. Dann im ausgeschalteten Ofen ca. 10 Minuten ruhen lassen.

**Tipp**

Die Quiche lässt sich am besten mit einer Schere schneiden. Die andere Hälfte des Wirsings kann eingefroren und z. B. für die Wirsing-Frikadellen (Seite 124) verwendet werden.

€€€ **Spartipp**

Strunk und Blattrippen können bei Kohl immer mitverwendet werden, aber klein gehackt, weil sie länger garen als die Blätter.

Bleibt bei großen Köpfen etwas übrig, kann man diese derben Teile auch einfrieren und für die Gemüsebrühe verwenden.

# GEFÜLLTE Mangoldblätter

Mangold sieht nicht nur toll aus, er ist auch vollgepackt mit allerhand Nährstoffen wie Beta-Carotin, Vitamin C und K. Die feinen Perlgraupen liefern neben einigen B-Vitaminen auch eine gute Portion Mineralstoffe, insbesondere Kalium und Phosphor.

Juli

## NÄHRWERTE

**Zubereitungszeit:** 1 Std. 15 Minuten

**Pro Portion:** 540 kcal, 19,8 g EW, 28,6 g F, 53,2 g KH, 8,4 g BS

**Preis pro Portion:** 1,93 €

## ZUTATEN

*für 4 Portionen*

1 kg Mangold

1 Zwiebel

1 Knoblauchzehe

4–5 EL Rapsöl

200 g Perlgraupen

Salz, Pfeffer

frisch geriebene Muskatnuss

100 g Bergkäse

1 Bio-Zitrone

100 ml Apfelsaft

25 g Sonnenblumenkerne

150 g saure Sahne 10 % Fett

## ZUBEREITUNG

1. Mangold waschen, putzen, Mittelrippen abflachen und am Blattende abschneiden, Rippen klein würfeln. Zwiebel und Knoblauch schälen und hacken. In 2 EL Öl in einem Topf anbraten. Graupen und Gewürze zugeben, mit 300 ml Wasser ablöschen. 15 Minuten bissfest garen. Offen etwas abkühlen lassen.
2. Den Käse grob reiben, Zitronenschale abreiben und beides unter die Graupen ziehen. Blätter zu 12 Quadraten aufeinander legen. Die Füllung darauf verteilen und vom Stielansatz her eng einwickeln, die Seiten dabei nach innen schlagen. Wenn nötig, mit einem Holzspieß fixieren.
3. Zitrone halbieren und den Saft auspressen. 3 EL Öl in einer tiefen Pfanne erhitzen. Die Wickel mit der Nahtstelle nach unten einlegen, andünsten und mit Apfel- und Zitronensaft angießen. In etwa 10 Minuten fertig garen.
4. Die Sonnenblumenkerne ohne Öl rösten. Behutsam die Garflüssigkeit abgießen, mit der sauren Sahne cremig rühren. Beides zu den Röllchen reichen. Sie schmecken warm und kalt.

**Tipp**

Schneller geht's als One-Pot: Blätter dann in Streifen schneiden, andünsten und das Graupen-Stiel-Risotto unterziehen.

**€€€**

**Spartipp**

Statt Bergkäse kann auch jeder andere beliebige Reibekäse verwendet werden.

# KNUSPERZUCCHINI
## mit Paprika-Quark

Semmelbrösel und Parmesan verleihen den Zucchini-Scheiben angenehme Würze und einen tollen Crunch. Der rot-würzige Quark ergänzt das ganze durch Frische und reichlich Eiweiß.

Juli

### NÄHRWERTE

**Zubereitungszeit:** 35 Minuten

**Pro Portion:** 512 kcal, 20 g EW, 34,6 g F, 32,8 g KH, 4,87 g BS

**Preis pro Portion:** 1,18 €

### ZUTATEN

*für 4 Portionen*

1 kg Zucchini
Öl für das Blech
100 g Semmelbrösel
60 g geriebener Parmesan
1 TL Rohrzucker
½ TL Salz
½ TL Chiliflocken
einige Stiele Thymian
50 g Butter
50 g Rapsöl
1 rote Paprika
1 kleine Zwiebel
250 g Speisequark 40 % Fett
1–2 TL Paprikapulver edelsüß
Pfeffer

### ZUBEREITUNG

1. Zucchini waschen und Enden abschneiden, längs halbieren, in ½ cm dicke Scheiben schneiden. Ein tiefes Backblech einölen und die Zucchinischeiben dachziegelartig überlappend darauf verteilen.
2. Semmelbrösel mit Parmesan, Zucker, Salz und Chiliflocken mischen. Thymianspitzen von den Stielen streifen, untermischen und alles auf den Zucchinischeiben verteilen. Butter in einem Topf schmelzen und mit dem Öl mischen, auf die Brösel träufeln.
3. Zucchiniblech auf die mittlere Schiene des Backofens schieben und bei 200 °C (Umluft, ohne vorheizen) ca. 20 Min. knusprig braun backen.
4. Inzwischen die Paprikaschote waschen, von Kernen und Stiel befreien und in feine Würfel schneiden. Die Zwiebel schälen und fein hacken. Den Quark mit Paprikapulver, Salz, Pfeffer, Paprika- und Zwiebelwürfeln verrühren und zu den Knusperzucchini servieren. Dazu passt auch Fladenbrot.

**Tipp**

Den Quark mit dem Eisportionierer in Kugeln zu formen, sorgt für einen dekorativen Auftritt.

€€€

**Spartipp**

Semmelbrösel selbst herstellen! Dafür einfach altbackenes Brot im Mixer schroten.

# KIRSCH-
# Clafoutis

Die Kirsch-Saison ist eröffnet und dieser französische Klassiker macht ihr alle Ehre! Clafoutis ist eine Spezialität aus dem Limousin, klassischerweise mit vollreifen, dunklen Kirschen zubereitet, hier sogar ganz ohne raffinierten Zucker. Lauwarm mit einem Kleks Sahne schmeckt es am besten!

Juli

## NÄHRWERTE

**Zubereitungszeit:** 30 Min
+ 30 Min Backzeit

**Pro Portion:** 567 kcal, 20,3 g EW, 28,7 g F, 58,2 g KH, 6,55 g BS

**Preis pro Portion:** 1,13 €

## ZUTATEN

*für 4 Portionen*

500–600 g Kirschen

4 Eier

50 g Datteln

1 Msp. Vanillepulver

½ TL Zimtpulver

Salz

180 g Weizenmehl (Type 1050)

200 ml Milch

1–2 EL Butter

100 ml süße Sahne

150 g griechischer Joghurt 10 % Fett

## ZUBEREITUNG

1. Kirschen waschen, abtropfen lassen und nach Bedarf entsteinen.
2. Die Eier trennen. Die Datteln entsteinen und grob hacken. Eigelb und Datteln mit einem Stabmixer pürieren, dann Vanillepulver, Zimt, Salz und Mehl im Wechsel mit der Milch unterrühren.
3. Den Backofen auf 200 °C (Ober- und Unterhitze) vorheizen, eine Quicheform (ø 28 cm) mit Butter einfetten. Eiweiß steif schlagen, unter den Teig unterziehen, anschließend in die Form gießen. Mit den Kirschen belegen und auf mittlerer Schiene in den heißen Backofen schieben. Etwa 30 Minuten backen.
4. In der Zwischenzeit die Sahne steif schlagen und vorsichtig den Joghurt unterheben. Kirsch-Clafoutis warm oder kalt mit der Joghurt-Sahne servieren.

**Tipp**

Wer mag, kann mit dem Joghurt 1 TL Honig unter die Sahne rühren. Für Süßschnäbel den Clafoutis mit Puderzucker bestäuben.

€€€
**Spartipp**

Statt Kirschen Stachel- oder Brombeeren verwenden, je nachdem, was gerade im Garten wächst oder im Angebot ist.

# GEBRATENER BROTSALAT *mit Salbei*

Ob als leichte Vorspeise, Beilage oder Hauptgericht – dieser gebratene Brotsalat geht immer! Er liefert außerdem viele tolle Nährstoffe, wie ungesättigte Fette aus Oliven und Avocado. Diese wirken sich positiv auf die Herzgesundheit aus.

August

## NÄHRWERTE

**Zubereitungszeit:** 20 Minuten

**Pro Portion:** 500 kcal, 12,5 g EW, 30,9 g F, 45,9 g KH, 7,8 g BS

**Preis pro Portion:** 1,98 €

## ZUTATEN

*für 4 Portionen*

2 Handvoll Salbeiblätter (ca. 30 g)

250 g Mischbrot vom Vortag

8 EL Olivenöl

Salz, Pfeffer

500 g Kirschtomaten

1 Bd. Frühlingszwiebeln

2 EL Balsamicoessig

1 Bio-Zitrone

2 Avocado

50 g schwarze Oliven

50 g Grana Padano

## ZUBEREITUNG

1. Die Salbeiblätter waschen, Stiele abzupfen, Blätter trocknen lassen. Das Brot in 2–3 cm große Würfel schneiden. 6 EL Öl in einer beschichteten Pfanne erhitzen, Blätter und Brot darin anrösten. Salzen und pfeffern.
2. Die Tomaten waschen, halbieren und dabei den Stielansatz entfernen. Zwiebel waschen, Wurzeln und Welkes entfernen und die Zwiebel in dünne Röllchen schneiden. Beides mit Balsamico beträufeln.
3. Die Zitrone waschen, Schale abreiben, Saft auspressen. Avocado in Würfel schneiden, mit Zitronensaft, Salz und Pfeffer mischen.
4. In einer Schüssel Brot, Salbeiblätter, Tomaten und Zwiebeln verteilen. Mit Avocadowürfeln, Zitronensaft, Oliven und dem übrigen Olivenöl beträufeln. Parmesanspäne darüberstreuen.

**Tipp**

Um zu testen, ob die Pfanne heiß genug ist, einfach einen kleinen Brotkrumen hineingeben. Wenn sich das Öl kräuselt, können die Zutaten in die Pfanne.

**€€€**

**Spartipp**

Statt schwarzen einfach geschwärzte Oliven nehmen.

Statt Grana Padano Mozzarella klein gezupft über dem Brotsalat verteilen.

# GEFÜLLTE PAPRIKA
## *mit Pilzen und Polenta*

Paprika enthält reichlich Vitamin C. Polenta ist sättigend, durch den Feta wird die Füllung cremig und liefert Eiweiß. Die Sauce aus Pilz-Fond, Schmorzwiebeln und Schmand runden das Gericht ab.

*August*

### NÄHRWERTE

**Zubereitungszeit:** 50 Minuten
**Pro Portion:** 511 kcal, 17,9 g EW, 39,3 g F, 24,4 g KH, 5,95 g BS
**Preis pro Portion:** 1,98 €

### ZUTATEN

*für 4 Portionen*

600 ml Wasser
Salz
220 g Maisgrieß
1 Zwiebel
2 Knoblauchzehen
400 g Champignons
3 EL Rapsöl
2 Rosmarinzweige
250 g Feta
Pfeffer
mildes Paprikapulver
4 große Paprika (800 g)
2–3 EL Tomatenmark
150 g Schmand

### ZUBEREITUNG

1. Das Wasser mit Salz und Polenta mischen und aufkochen. Dann nur noch quellen lassen.
2. Währenddessen Zwiebel und Knoblauch schälen. Pilze mit Küchenpapier säubern und mit Zwiebel und Knoblauch hacken. Erst die Zwiebeln mit dem Knoblauch in Rapsöl in einer Pfanne kräftig anbraten. Dann Pilze und Rosmarin zugeben, kurz braten. Feta hacken. Die Hälfte Pilzmix mit der Hälfte Feta unter die Polenta mischen, mit Pfeffer, Paprika und Salz abschmecken.
3. Paprika waschen, Stiele entfernen, längs halbieren, Kerne und weiße Häutchen entfernen. Paprika mit Pilz-Polenta-Mix füllen, die andere Hälfte des Fetas daraufstreuen.
4. Pilz-Zwiebelmix in der Pfanne mit dem Tomatenmark mischen, ebenfalls würzen und die Paprika hineinsetzen. Zugedeckt auf dem Herd oder im Backofen bei 180 °C etwa 45 Minuten garen. Wenn das Gemüse anzusetzen droht, etwas Wasser angießen.
5. Ist die Füllung ausgequollen und die Paprika gar, den Fond mit dem Schmand abschmecken und servieren.

**Tipp**

Frischer grüner Salat schmeckt toll dazu.

€€€ **Spartipp**

Statt frischem Rosmarin einfach getrocknete Kräuter verwenden.

August

# RATATOUILLE mit Linsen-Bulgur

Ein köstlicher Klassiker der französischen Küche. Früher galt Ratatouille als „Arme-Leute-Essen“ – auch unsere Version ist noch ein preiswertes Gericht! Und super gesund: Viel nährstoffreiches Gemüse, die Linsen liefern reichlich Protein und Ballaststoffe, Bulgur die sättigenden Kohlenhydrate.

## NÄHRWERTE

**Zubereitungszeit:** 30 Minuten

**Pro Portion:** 540 kcal, 19,6 g EW, 22,4 g F, 73,1 g KH, 15,6 g BS

**Preis pro Portion:** 1,95 €

## ZUTATEN

*für 4 Portionen*

2 Auberginen (ca. 600 g)

8 EL Olivenöl

Salz

200 g Bulgur

100 g gelbe Linsen

80 g Mandeln

600 g Zucchini

2 rote Paprika (400 g)

3 Zwiebeln

2 Knoblauchzehen

Pfeffer

1 EL Kräuter der Provence

1–2 Rosmarinzweige

400 g gehackte Dosentomaten

¼ l Tomatensaft

## ZUBEREITUNG

1. Das Gemüse waschen. Die Auberginen in 1,5 cm dicke Scheiben und dann in Würfel schneiden, mit 5 EL Öl und Salz mischen, unter den vorgeheizten Backofengrill schieben und etwa 8 Minuten grillen, bis sie bräunen. Dabei einmal wenden.
2. ½ l Wasser mit Salz, Bulgur und Linsen aufkochen, zudecken und bei kleiner Hitze etwa 12 Minuten ausquellen lassen. Die Mandeln grob hacken und rösten.
3. Inzwischen die Zucchini längs vierteln, Enden abschneiden und in 1,5 cm breite Scheiben schneiden. Paprika halbieren, von Stiel und Kernen befreien, Schoten in etwa 1,5 cm große Stücke teilen. Zwiebeln schälen, halbieren und in Würfel schneiden. Knoblauch abziehen und hacken. Zwiebeln und Paprika im übrigen Öl anbraten, bis sie braun werden.
4. Dann Zucchini und Knoblauch zugeben, mit Salz, Pfeffer und Kräutern würzen. Zugedeckt etwa 5 Minuten schmoren. Dann mit gehackten Tomaten und Tomatensaft ablöschen. Auberginen zugeben und alles pikant abschmecken.
5. Die Hälfte Ratatouille beiseitestellen und zum Beispiel für die Gazpacho von Seite 140 verwenden. Den Rest mit Bulgur und Mandeln anrichten.

**Tipp**

Das Ratatouille schmeckt sowohl heiß als auch kalt super.

€€€
**Spartipp**

Wer keinen frischen Rosmarin zu Hause hat, kann auch nur getrocknete Kräuter verwenden.

# GAZPACHO
## mit Käsebrot

Gazpacho ist eine kalte spanische Gemüsesuppe. Bei meiner Variante wird sie aus dem Ratatouille vom Vortag gemacht. Dadurch ist die Zubereitung des Gerichtes einfach und schnell. Das Käsebrot dazu ist eine leckere Begleitung.

August

### NÄHRWERTE

**Zubereitungszeit:** 15 Minuten

**Pro Portion:** 567 kcal, 19,3 g EW, 32,1 g F, 54,5 g KH, 9,7 g BS

**Preis pro Portion:** 1,83 €

### ZUTATEN

*für 4 Portionen*

ca. 300 g Brot vom Vortag in Scheiben

4 EL Olivenöl

2 Knoblauchzehen

4 Portionen Ratatouille vom Vortag (Seite 138)

200 g Mozzarella-Reibekäse

750 ml Tomatensaft

1 Bund Basilikum

Salz, Pfeffer

### ZUBEREITUNG

1. Die Brotscheiben auf ein Backblech legen und mit Öl einpinseln. Die Knoblauchzehe schälen und halbieren und die Brotscheiben damit einreiben. Auf jede Scheibe etwa 1 EL Ratatouille verteilen, mit dem Käse bestreuen. Den Backofen auf 200 °C heizen und die Brote etwa 10 Minuten überbacken.
2. Inzwischen das restliche Ratatouille mit dem Tomatensaft mischen. Die Hälfte des Ratatouilles pürieren. Das pürierte und stückige Ratatouille wieder zusammengeben. Basilikum waschen und hacken. Die kalte Suppe mit Salz, Pfeffer und Basilikum abschmecken. Dazu die Toasts servieren.

**Tipp**

Fürs Käsebrot eignet sich jedes Brot, sei es Baguette, Vollkornbrot oder Ciabatta.

**€€€**
**Spartipp**

Basilikum umtopfen und auf der Fensterbank ziehen!

# OFENKARTOFFELN *in Auberginencreme*

August

In den Ofenkartoffeln stecken reichlich komplexe Kohlenhydrate. In Kombination mit der Auberginencreme und dem eiweißreichen Hirtenkäse sind sie ein toller Sattmacher! Zudem sind Kartoffeln gut verdaulich und liefern jede Menge B-Vitamine sowie Vitamin C.

## NÄHRWERTE

**Zubereitungszeit:** 45 Minuten
**Pro Portion:** 503 kcal, 12,1 g EW, 30,6 g F, 46,7 g KH, 5,4 g BS
**Preis pro Portion:** 1,50 €

## ZUTATEN

*für 4 Portionen*

2 kleine Auberginen (ca. 600 g)
1 kg kleine, neue Kartoffeln
8 EL Olivenöl
Salz
1 Zweig Rosmarin
100 g milder Ajvar
½ Bio-Zitrone
1 Bund Frühlingszwiebeln
1–2 Knoblauchzehen
1–2 EL Paprikapulver edelsüß
150 g Hirtenkäse

## ZUBEREITUNG

1. Auberginen und Kartoffeln waschen. Auberginen mehrfach einstechen und auf einem Backblech im Backofen bei 250 °Cr 30–40 Minuten backen. Inzwischen die Kartoffeln in Spalten schneiden, mit 3 EL Olivenöl, Salz und den Rosmarinnadeln mischen. Sobald die Aubergine ferig ist, mit Backpapier aufs heiße Backblech geben und in den Ofen schieben. Die Hitze auf 200 °C reduzieren.
2. Den Stielansatz der Auberginen abtrennen, Auberginen grob hacken, mit dem Ajvar und dem übrigen Öl pürieren.
3. Zitronenschale abreiben und die Zitrone auspressen. Zwiebeln waschen, Wurzeln und Welkes entfernen, Zwiebeln samt Grün in feine Ringe schneiden. Knoblauch abziehen und hacken. Das Auberginenmus hinzufügen und mit Paprikapulver abschmecken.
4. Die knusprigen Kartoffeln auf der Auberginencreme anrichten und den Hirtenkäse darüberbröseln.

**Tipp**

Wenn man die Aubergine erst halbiert und dann jede Hälfte in Längsspalten schneidet, hat jedes Stück den gleichen Schalenanteil.

**€€€**

**Spartipp**

Ajvar findet man mittlerweile auch günstig in vielen Discountern.

# HERZHAFTE Grillgemüsetorte

**Torte mal nicht süß, sondern richtig herzhaft: mit viel Gemüse, Eiern, Milch und Brot – so wird daraus eine ausgewogene und schmackhafte Mahlzeit. Die Ofentorte kann man sowohl warm als auch kalt genießen und sie eignet sich auch super zum Mitnehmen.**



## NÄHRWERTE

**Zubereitungszeit:** 25 Minuten

**Pro Portion:** 501 kcal, 22,2 g EW, 28,4 g F, 41,2 g KH, 4,3 g BS

**Preis pro Portion:** 1,69 €

## ZUTATEN

*für 4 Portionen*

300 g kleine Champignons

200 g Kirschtomaten

250 g kleine Zucchini

6 EL Olivenöl

Salz, Pfeffer

1 Bund Schnittlauch

3 Eier

100 ml Milch

250 g Brot vom Vortag (Misch-, Weizen- o. Dinkelbrot)

250 g Sahnequark

etwas Mineralwasser

## ZUBEREITUNG

1. Backofen auf 200 °C vorheizen. Pilze mit Küchenpapier putzen. Tomaten waschen. Zucchini waschen, Enden abschneiden und in ca. 1 cm dicke Scheiben schneiden. Das vorbereitete Gemüse in einer Schüssel mit 3 EL Öl, Salz und Pfeffer vermischen, auf einem Backblech verteilen und 15 Minuten im Ofen garen.
2. Schnittlauch in Röllchen schneiden. Eier mit Milch, Salz, Pfeffer und 2 EL Schnittlauch verquirlen. Brot in Würfel schneiden und zum Eiermix geben. In einer großen Pfanne das restliche Öl zerlassen, Brotmasse dazugeben und zugedeckt ca. 5 Minuten stocken lassen. Mit einem Pfannenwender vorsichtig lösen, auf einen ausreichend großen Teller/Platte gleiten lassen und mit der Oberseite nach unten wieder in die Pfanne geben und fertig backen.
3. Brotfladen auf eine Tortenplatte geben. Sahnequark mit etwas Sprudel und restlichem Schnittlauch mischen, salzen und pfeffern und Fladen damit bestreichen. Ofengemüse gleichmäßig darauf verteilen.
4. Die Gemüsetorte in 8 Stücke schneiden und servieren.

### Tipp

Wenn das Brot sehr hart ist, kann es vor der Zubereitung kurz im Eier-Milch-Mix aufgeweicht werden.

€€€

**Spartipp**

Beim Gemüse kann man variieren – einfach schauen, welches saisonale Gemüse im Angebot ist.

August

# GEFÜLLTE Auberginen-Pattys

Auberginen enthalten nur wenige Kalorien, sind reich an Kalium und haben vor allem in der Schale Vitamine der B-Gruppe sowie Vitamin C. Der herrliche Geschmack der Aubergine wird in diesem Rezept durch Essig, Thymian und Olivenöl intensiviert.

## NÄHRWERTE

**Zubereitungszeit:** 45 Minuten

**Pro Portion:** 557 kcal, 18,1 g EW, 29,7 g F, 60,3 g KH, 11,2 g BS

**Preis pro Portion:** 1,87 €

## ZUTATEN

*für 4 Portionen*

2–3 Auberginen (ca. 800 g)

3 rote Zwiebeln

8 EL Olivenöl

Salz, Pfeffer

150 g Brot vom Vortag

3–4 Thymianzweige

400 g Tomaten

1 Dose Kichererbsen (Abtropfgewicht 265 g)

2–3 EL Balsamico- oder Rotweinessig

6–7 EL Semmelbrösel

125 g Mozzarella (1 Kugel)

## ZUBEREITUNG

1. Auberginen waschen, Stiele entfernen und Auberginen in etwa 1,5 cm dicke Scheiben, dann in ebenso kleine Würfel schneiden. Zwiebeln schälen. Eine in feine Würfel schneiden. Die anderen gröber teilen und beiseitestellen.
2. In einer großen, beschichteten Pfanne mit 3–4 EL Öl feine Zwiebel- und Auberginenwürfel anbraten, salzen und pfeffern. Deckel auflegen und etwa 10 Minuten weich schmoren.
3. Altbackenes Brot in kleine Würfel schneiden, Thymian von den Stielen streifen, beides in die Auberginenpfanne geben und einige Minuten mitschmoren. Dann abkühlen lassen.
4. Tomaten waschen und in Spalten schneiden, Stielansätze entfernen. Kichererbsen abgießen, spülen und abtropfen lassen. Beides mit den Zwiebeln, Pfeffer, Salz, 2 EL Öl und Essig mischen und abschmecken.
5. Abgekühlte Auberginenmasse mit soviel Bröseln mischen, dass sie formbar ist. Mozzarella horizontal in 4 Scheiben schneiden, die Scheiben halbieren. Masse in 8 Portionen teilen. In die Mitte jeder Portion eine halbe Mozzarellascheibe legen, die Masse darum fest zusammendrücken. In Semmelbröseln wenden und im Öl bei mittlerer Hitze von beiden Seiten knusprig braten.
6. Pattys mit dem Salat servieren.

**Tipp**

Wer es eilig hat, brät kleinere Burger und streut den Mozzarella über den Salat, das ist einfacher.

€€€ **Spartipp**

Es lohnt sich, die Pattys auf Vorrat zu braten und einzufrieren.

# BRAT-APRIKOSEN mit Quarkcreme

Die Kombination aus süßen, karamellisierten Aprikosen und zitronig-frischer Quarkcreme schmeckt einfach wundervoll und bietet eine ausgewogene Mischung verschiedener Nährstoffe. Als Frühstück oder Dessert perfekt gegen Heißhunger auf Süßigkeiten.

## NÄHRWERTE

**Zubereitungszeit:** 30 Minuten

**Pro Portion:** 524 kcal, 25,7 g EW, 25,3 g F, 50,1 g KH, 7,4 g BS

**Preis pro Portion:** 1,92 €

## ZUTATEN

*für 4 Portionen*

50 g Datteln

600 ml Haferdrink

120 g Maisgrieß

1 Vanilleschote

500 g Magerquark

700 g reife Aprikosen

80 g Mandeln

½ Bio-Zitrone

2–3 EL Honig

100 ml süße Sahne

## ZUBEREITUNG

1. Die Datteln hacken, mit dem Haferdrink, der Polenta und der kleingeschnittenen Vanilleschote in einem Topf zum Kochen bringen und bei schwacher Hitze 5 Minuten quellen lassen. Dann den Quark unterziehen und abkühlen lassen.
2. Die Aprikosen waschen, halbieren und entsteinen, mit der Schnittfläche nach oben in eine Form geben. Die Mandeln grob hacken und darüber verteilen. Zitronenschale abreiben, halbe Zitrone auspressen. Die Hälfte Saft und Schale mit dem Honig verrühren und über die Aprikosen träufeln. Bei 190 °C etwa 20 Minuten garen, sodass sie weich sind, aber nicht matschig. Evtl. zwischendurch mit ihrem Saft beträufeln.
3. Inzwischen die übrige Zitronenschale und -saft unter die abgekühlte Polenta ziehen. Sahne steif schlagen und unterheben.
4. Die warmen Aprikosen zur kalten Quarkcreme reichen.

**Tipp**

Schmeckt auch mit abgekühlten Aprikosen. Oder als Schichtcreme – dafür im Wechsel Aprikosen und Creme in eine Schale schichten.

€€€
**Spartipp**

Statt Aprikosen können auch Pfirsiche verwendet werden, je nachdem was gerade günstiger ist.

# BROKKOLI-KARTOFFELBLECH *mit Dip*

Brokkoli steckt voller wichtiger Nährstoffe, wie Vitamin C und K. Da wäre es schade, ihn nicht von oben bis unten zu verwerten! Bei diesem Rezept wird der Strunk einfach etwas länger gegart als die Röschen und kommt dann mit auf das Blech, die Stiele wandern fein püriert in den Dip.



## NÄHRWERTE

**Zubereitungszeit:** 35 Minuten

**Pro Portion:** 502 kcal, 16,1 g EW, 35,1 g F, 34,7 g KH, 8,76 g BS

**Preis pro Portion:** 1,50 €

## ZUTATEN

*für 4 Portionen*

800 g Brokkoli

500 g Kartoffeln

Salz, Pfeffer

6 EL Rapsöl

100 g Reibekäse

50 g Sesamsaat

1 Avocado

## ZUBEREITUNG

1. Brokkoli und Kartoffeln waschen, Brokkoliröschen vom Strunk schneiden, die Stiele für den Dip beiseite legen. Den Strunk in ½ cm dicke Scheiben schneiden. Kartoffeln schälen, in ähnlich dicke Scheiben schneiden. In einem Topf etwa 250 ml Wasser und etwas Salz aufkochen, Brokkolistrunk und Kartoffeln zugeben, später dann erst die Röschen. Zugedeckt in etwa 10 Minuten bissfest garen.
2. Den Backofen auf 220 °C vorheizen. Die Kartoffeln und Brokkoliröschen auf einem mit Backpapier ausgelegten Blech verteilen, Kartoffeln mit einem Glas zerdrücken. Salzen, pfeffern, mit 4 EL Öl beträufeln und mit Käse und Sesam bestreuen. Etwa 15 Minuten im heißen Ofen überbacken.
3. Die Brokkolistiele im Blitzhacker pürieren, Avocado halbieren, das Fruchtfleisch herausheben und mitpürieren. Mit Salz, Pfeffer und 2 EL Öl abschmecken. Zum Brokkoliblech reichen.

**Tipp**

**Für den Dip:** Basilikumblätter zu Brokkolistielen und Avocado geben und mitpürieren.

**€€€**
**Spartipp**

Statt Avocado schmeckt auch ein Quark-Dip toll zu dem Gemüseblech.

# ZUCCHINI mit Rotkohl-Apfelsalat

Diese Schnitzel sind garantiert saftig und machen satt. Mandeln, Mehl, Eier und Joghurt ergeben einen super Eiweiß-Mix und der Rotkohlsalat sorgt für jede Menge Ballaststoffe.

September

## NÄHRWERTE

**Zubereitungszeit:** 50 Minuten
**Pro Portion:** 530 kcal, 15,7 g EW, 24,6 g F, 63,3 g KH, 6,3 g BS
**Preis pro Portion:** 1,09 €

## ZUTATEN

*für 4 Portionen*

400 g Rotkohl

3 EL Apfelsaft

2 EL Branntwein- oder Apfelessig

8 EL Rapsöl zum Braten

1 Apfel

Salz, Pfeffer

50 g gemahlene Mandeln

225 g Weizenmehl (Type 1050)

2 Eier

1 Knoblauchzehe

250 g Naturjoghurt (1,5 %)

600 g Zucchini

## ZUBEREITUNG

1. Kohl vierteln, Strunk entfernen und fein hobeln. Apfelsaft, Essig und 2 EL Öl mischen. Apfel waschen, vierteln, entkernen und grob raspeln. Alles zum Rotkohl geben, mit Salz und Pfeffer abschmecken und ziehen lassen.
2. Inzwischen gemahlene Mandeln mit Mehl mischen. Davon die Hälfte in einem tiefen Teller bereitstellen. Restlicher Mandel-Mehl-Mix mit Eiern, 100 ml Wasser und Salz verrühren.
3. Für den Dip Knoblauch schälen und fein hacken. Mit Joghurt, Salz und Pfeffer mischen.
4. Zucchini waschen und längs in knapp 1 cm dicke Scheiben schneiden. Salzen und im Mandel-Mehl-Mix wenden. Was vom Mehl-Mandel-Mix übrig ist, unter den Teig rühren. Mit ca. 100 ml Sprudel verdünnen.
5. In einer Pfanne das Öl erhitzen. Zucchini-Scheiben einzeln von beiden Seiten im Teig wenden. In das heiße Fett geben und von beiden Seiten goldgelb ausbacken. Aus restlichem Teig einen kleinen Pfannkuchen backen. Mit dem Rotkohl-Salat und dem Dip servieren.

**Tipp**

Für Fleischfans Putenschnitzel in Streifen geschnitten im Teig ausbacken.

**€€€**

**Spartipp**

Fertig gemahlene Mandeln sind im Supermarkt günstiger als ganze Mandeln.

Gemüsesalate sind preiswerter als Blattsalate und sättigen mehr.

Branntweinessig ist der billigste Essig. Mit Apfelsaft wird er milder.

# LINSEN-ERDNUSS-HUMMUS mit buntem Blech

Der Dip sorgt nicht nur für Eiweiß, sondern ergänzt das Ofengemüse perfekt durch seine saftige Konstistenz.

September

## NÄHRWERTE

**Zubereitungszeit:** 40 Minuten

**Pro Portion:** 596 kcal, 22,6 g EW, 25,6 g F, 73,4 g KH, 11,8 g BS

**Preis pro Portion:** 1,21 €

## ZUTATEN

*für 4 Portionen*

800 g Kartoffeln

500 g Möhren

300 g kleine Zucchini

Salz, Pfeffer

4 EL Rapsöl

evtl. Rosmarin oder Kräuter der Provence

200 g gekochte Berglinsen (100 g roh)

100 g gesalzene Erdnüsse

400 g Naturjoghurt (1,5 %)

2 TL gem. Kreuzkümmel

## ZUBEREITUNG

1. Den Backofen auf 200 °C vorheizen. Kartoffeln und Gemüse waschen, wenn nötig schälen. Dicke Möhren längs halbieren oder vierteln und dann in fingerlange Stücke schneiden, kleine ganz lassen. Kartoffeln je nach Größe längs halbieren oder vierteln.
2. Möhren und Kartoffeln mit Salz, Pfeffer, 3 EL Öl und Rosmarin oder getrockneten Kräutern mischen, mit den Schnittflächen auf dem Backblech verteilen und in den heißen Ofen schieben, 30 Minuten backen. Inzwischen die Zucchini in fingerdicke Scheiben schneien, in 1 EL Öl schwenken, salzen und für die letzten 10 Minuten Backzeit auf dem Gemüse verteilen.
3. Linsen mit den Erdnüssen pürieren – am besten mit dem Pürierstab. Dabei etwa die Hälfte Joghurt zugeben. Den übrigen Joghurt unterziehen und mit den Gewürzen abschmecken. Zum Ofengemüse reichen.

**Tipp**

Etwas weniger Joghurt im Dip ergibt einen tollen Brotaufstrich.

€€€ **Spartipp**

Erdnüsse sind Hülsenfrüchte und eine preiswerte, gesunde Alternative zu Nüssen.

Kreuzkümmel im türkischen Laden kaufen, evtl. selbst mahlen. Alternativ Currypaste oder -pulver verwenden.

# ZUCCHINI-LASAGNE mit Spaghetti

Einfach Spaghetti statt Lasagneblätter einschichten: Die Zucchini und der sahnige Guss sorgen dafür, dass sie weich werden. Klappt auch mit Vollkorn-Spaghetti. Und Kondensmilch enthält konzentriert die Mineralstoffe der Milch.



## NÄHRWERTE

**Zubereitungszeit:** 20 Minuten
**Pro Portion:** 496 kcal, 25,0 g EW, 27,7 g F, 38,1 g KH, 2,8 g BS
**Preis pro Portion:** : 0,98 €

## ZUTATEN

*für 4 Portionen*

800 g Zucchini

150 g Kräuter-Frischkäse

340 g Kondensmilch (10 % Fett)

200 ml Milch (1,5 %)

Salz, Pfeffer

1 EL Rapsöl

250 g Spaghetti

80 g Reibekäse

## ZUBEREITUNG

1. Zucchini waschen, Enden abschneiden und die Zucchini mit der Küchenmaschine in dünne Scheiben hobeln.
2. Frischkäse mit Kondensmilch, Milch, 50 ml Wasser, Salz und Pfeffer glattrühren. Mit den Zucchini vermischen.
3. Eine Auflaufform (ca. 20 x 30 cm) mit Öl einfetten. Ein Viertel der Zucchinimischung in der Form verteilen. Ein Drittel der Spaghetti darauf verteilen. Diesen Schritt 2-mal wiederholen.
4. Die letzte Schicht Spaghetti mit dem übrigen Zucchinimix bedecken und mit Reibekäse bestreuen.
5. Die Form in den Ofen schieben und auf 190 °C anheizen. Etwa 45 Minuten goldbraun backen und servieren.

**Tipp**

Lässt sich prima vorbereiten. Wird die Lasagne beim Stehen trocken, vor dem Backen noch mit 1 Tasse Gemüsebrühe begießen.

€€€

**Spartipp**

Spaghetti können preiswert Lasagne ersetzen. Wichtig: Möglichst flach nebeneinander einschichten und genug Flüssigkeit verwenden.

Mit One-Pot-Rezepten lässt sich Strom sparen.

# OMEGA-3-EIER
# *mit Linsen-Couscous-Spinat*

**Das Senf-Leinsamen-Bett sorgt für gesundes Fett und Ballaststoffe und macht die Eier super würzig. Und dazu ein ganz schneller Eintopf mit vollwertigem Tiefkühl-Spinat, der eine Menge Eisen liefert.**

*September*

## NÄHRWERTE

**Zubereitungszeit:** 20 Minuten

**Pro Portion:** : 557 kcal, 35,0 g EW, 25,3 g F, 53,3 g KH, 12,0 g BS

**Preis pro Portion:** 1,22 €

## ZUTATEN

*für 4 Portionen*

150 g rote Linsen

100 g Couscous

Salz, Pfeffer

Kreuzkümmel

750 g TK-Spinat (gehackt)

5 EL Senf

3 EL Rapsöl

5 EL geschroteter Leinsamen

8 kleine Eier

## ZUBEREITUNG

1. Spinat im Topf bei kleiner Hitze auftauen. Linsen und Couscous waschen, mit 220 ml Wasser und den Gewürzen zum Spinat geben, zugedeckt aufkochen und ausquellen lassen.
2. Senf mit Öl vermischen und in einer großen beschichteten Pfanne verteilen. Mit Leinsamen bestreuen und anbraten. Eier drüber aufschlagen, salzen und fertig braten. Zum Linsen-Couscous genießen.

**Tipp**

Frische Eier verwenden. Sie zerfließen nicht so sehr in der Pfanne.

€€€
**Spartipp**

Gehackter Spinat im Block ist am günstigsten. Am besten vorher antauen.

Geschrotete Leinsamen sind preiswerter als ganze Leinsamen. Außerdem sind ganze Leinsamen unverdaulich, so kann der Körper wertvolle Nährstoffe leider nicht aufnehmen.

# AUBERGINEN-Tomaten-Pie

**Das Gemüse sorgt auch ohne Fleisch für würziges Mittelmeer-Aroma. Kartoffeln, Brot und Frischkäse ergeben einen guten Eiweißmix.**

September

## NÄHRWERTE

**Zubereitungszeit:** 50 Minuten

**Pro Portion:** 554 kcal, 12,8 g EW, 33,0 g F, 54,8 g KH, 6,9 g BS

**Preis pro Portion:** 1,61 €

## ZUTATEN

*für 4 Portionen*

2 mittelgroße Auberginen (700 g)

2 Zwiebeln

1 Knoblauchzehe

6 EL Rapsöl

Salz, Pfeffer

½ TL Fenchelsamen

1 EL Tomatenmark

500 g passierte Tomaten

Kartoffelstampf vom Vortag (siehe Tipp)

80 ml Milch (1,5 %)

100 g körniger Frischkäse

4 EL Semmelbrösel

## ZUBEREITUNG

1. Auberginen waschen, Zwiebel und Knoblauch schälen. Auberginen in 1 cm große, Zwiebel und Knoblauch in kleine Würfel schneiden. Gemüse mit 2 EL Öl in einer großen Pfanne braun anbraten, dabei salzen und wenden. Fenchelsamen und Tomatenmark kurz mitbraten, pfeffern. Passierte Tomaten zugeben und mit Pfannenspritzschutz 15 Minuten einkochen.
2. Kartoffelstampf vom Vortag in einem Topf in Milch mit einem Schneebesen cremig rühren. Frischkäse unter das Püree heben.
3. Inzwischen eine Auflaufform (20 x 30 cm) mit 1 EL Öl einfetten. Auberginen-Ragout einfüllen und das Kartoffelpüree darüber verteilen. Brösel gleichmäßig darüber streuen und mit restlichem Öl beträufeln. Im Ofen bei 200 °C ca. 25 Minuten goldgelb backen.

**Tipp**

Kein Kartoffelpüree übrig? Dann entweder ein Trocken-Fertigprodukt nehmen (ist besser als sein Ruf und preiswert) oder 800 g Kartoffeln schälen, kleinschneiden und in wenig Wasser (etwa 100 ml) mit etwas Salz garen. Dann stampfen und dabei etwa 100 ml Milch 1,5 % zugeben. Statt Fenchelsamen einfach den Inhalt eines Fencheltee-Beutels verwenden.

€€€ **Spartipp**

Altbackenes Brot auf Vorrat im Blitzhacker zu Bröseln verarbeiten.

Passierte Tomaten sind günstiger als gehackte oder ganze Tomaten aus der Dose.

# TORTILLA mit Wassermelonen-Feta-Salat

In der Tortilla wird gleich die Gemüsebeilage mitgebacken, umhüllt von Ei – der beste denkbare Eiweiß-Mix. Dazu ein frischer Salat, der mit würzigem Hirtenkäse getoppt wird.

September

## NÄHRWERTE

**Zubereitungszeit:** 50 Minuten

**Pro Portion:** 509 kcal, 21,1 g EW, 33,2 g F, 32,9 g KH, 3,8 g BS

**Preis pro Portion:** 1,74 €

## ZUTATEN

*für 4 Portionen*

1 kleiner Lauch (geputzt 150 g)

300 g Zucchini

300 g Tomaten

400 g Wassermelone

600 g vorwiegend festkochende Kartoffeln

7 EL Rapsöl

Salz, Pfeffer

einige Zweige Rosmarin

6 Eier

1 kleine Zwiebel

3 Zweige Minze

150 g Hirtenkäse

3 EL Branntwein- oder Apfelessig

## ZUBEREITUNG

1. Lauch von Wurzel und Welkem befreien, längs halbieren, mit dem übrigen Gemüse und Wassermelone waschen. Kartoffeln mit dem Sparschäler schälen, längs vierteln und in dünne Scheiben schneiden. In einer beschichteten Pfanne (ø 24 cm) in 1 EL Öl andünsten, salzen und zugedeckt 10 Minuten schmoren.
2. Inzwischen Lauch in dünne Halbringe und Zucchini in ½ cm dicke Scheiben schneiden. Beide Gemüse mit 1 EL Öl zu den Kartoffeln geben und salzen. 5 weitere Minuten mit Deckel schmoren. Aus der Pfanne nehmen und abkühlen lassen.
3. Inzwischen Tomaten vom Stielansatz befreien und Wassermelone mit dem Sparschäler schälen. Die weiße Außenschicht der Melone grob raspeln, das rote Fruchtfleisch in Würfel schneiden. Tomaten vierteln und in Scheiben schneiden. Beides in eine große Schüssel geben, mit Salz und Pfeffer würzen und ziehen lassen.
4. Rosmarinnadeln hacken, mit den Eiern verquirlen, würzen und mit dem Kartoffel-Gemüsemix mischen. 1 EL Öl in die Pfanne geben und die Mischung in der Pfanne verteilen, glattstreichen, Deckel auflegen und bei milder Hitze ca. 10 Minuten garen, bis das Ei stockt. Dann wenden, 1 EL Öl zufügen und weitere 5 Minuten fertig backen.
5. Inzwischen Zwiebel schälen, in Ringe und Minze in feine Streifen schneiden. Hirtenkäse würfeln. Alles zusammen mit restlichem Öl und Essig zum Tomaten-Melonen-Mix geben, vermengen und mit Salz und Pfeffer abschmecken.

**€€€ Spartipp**

Wer sparsam einkaufen möchte, greift zu Hirtenkäse statt zu Schafskäse oder Feta.

# PORRIDGE-Apfelauflauf

Haferflocken sind einfach unschlagbar mit ihrem Mix aus „langsamen" Kohlenhydraten, gesundem Eiweiß, gutem Fett und Ballaststoffen, die den Cholesterinspiegel senken. Und Äpfel mit ihrem Quercetin stärken die Abwehr. Studentenfutter sorgt für Süße, Biss und Sättigung.

September

## NÄHRWERTE

**Zubereitungszeit:** 15 Minuten

**Pro Portion:** 473 kcal, 14,3 g EW, 25,4 g F, 48,7 g KH, 5,5 g BS

**Preis pro Portion:** 1,11 €

## ZUTATEN

*für 4 Portionen*

100 g Studentenfutter

150 g Haferflocken

250 g Naturjoghurt (1,5 %)

4 EL Rapsöl

5 Äpfel (Fallobst) ca. 750 g

4 Eier

2 EL Zuckerrübensirup oder Zucker

1 TL Zimt

Salz

## ZUBEREITUNG

1. Das Studentenfutter im Blitzhacker zerkleinern, mit Haferflocken und Joghurt mischen.
2. Eine Auflaufform (20 x 30 cm) mit 1 EL Öl einfetten. Äpfel gründlich waschen, trocknen, vierteln und dabei die Kerngehäuse entfernen. Zwei Äpfel kleinraspeln. Die übrigen Äpfel in mundgerechte Stücke teilen.
3. Eier trennen. Eigelbe mit restlichem Öl, Sirup, Zimt und 1 Prise Salz cremig schlagen und unter den Teig ziehen. Eiweiß steif schlagen und mit dem geriebenen Apfel vorsichtig unter den Teig heben.
4. Den Teig in die Form geben und gleichmäßig verteilen. Die Apfelstückchen darauflegen. In den Ofen schieben, auf 180 °C anheizen und etwa 40 Minuten backen.

**Tipp**

Wenn die Äpfel schön sind, vierteln, die Schalen längs einschneiden und mit Schale nach oben auf das Gratin legen.

€€€ **Spartipp**

Fettarmer Joghurt ist preiswerter als Vollfettjoghurt. Lieber mit gesundem Rapsöl anreichern.

# OFENGEMÜSESUPPE mit Parmesan-Chips

**Suppe aus gegrilltem Ofengemüse schmeckt besonders aromatisch und würzig … und ist perfekt für Resteverwertung, wenn Gemüse nicht mehr ganz so knackig ist. Die Parmesan-Chips dazu sind eine leckere Alternative zu der klassischen Suppen-Beilage Brot.**

Oktober

## NÄHRWERTE

**Zubereitungszeit:** 35 Minuten

**Pro Portion:** 418 kcal, 12,5 g EW, 35 g F, 17,1 g KH, 6,4 g BS

**Preis pro Portion:** 1,61 €

## ZUTATEN

*für 4 Portionen*

2 Zwiebeln

3 Paprika (ca. 500 g)

2 Auberginen (ca. 700 g)

5 EL Olivenöl

Salz, Pfeffer

60 g geriebener Parmesan

60 g Sesam

400 g Dosentomaten

500 ml Gemüsebrühe

100 ml Sahne

## ZUBEREITUNG

1. Den Backofen auf 220 °C Ober-/Unterhitze vorheizen. Zwiebeln schälen, Paprika und Aubergine waschen. Gemüse grob würfeln, in einer Schüssel mit Öl, Salz und Pfeffer marinieren. Auf ein mit Backpapier ausgelegtes Blech geben und für 15–20 Minuten im Ofen grillen.
2. Gemüse aus dem Ofen nehmen, in einem Topf pürieren und mit Dosentomaten aufgießen. 10 Minuten köcheln lassen, dann Sahne hinzugeben.
3. Parmesan auf einem mit Backpapier belegten Blech zu 10 Talern formen, dann vorsichtig mit Sesam bestreuen. Im Ofen bei 180 °C Umluft 8 Minuten gold-knusprig backen.

**Tipp**

Bei großem Hunger zusätzlich Brot dazu reichen.

€€€ **Spartipp**

Wer keinen Sesam hat, kann ihn einfach weglassen.

# SCHMOR-MANDELMÖHREN mit Hirsotto

Kreuzkümmel, Mandeln und Rosinen sorgen für ein orientalisches Aroma. Reichlich pflanzliches Eiweiß und viel Eisen enthalten die gelben Körnchen der Hirse.

Oktober

## NÄHRWERTE

**Zubereitungszeit:** 45 Minuten
**Pro Portion:** 475 kcal, 10,9 g EW, 28,6 g F, 37,8 g KH, 10,4 g BS
**Preis pro Portion:** 0,74 €

## ZUTATEN

*für 4 Portionen*

800 g Möhren

80 g ungeschälte Mandeln

1 EL Butter

3 EL Rapsöl

Salz, Pfeffer

200 g Hirse

Kreuzkümmel

40 g Rosinen

3–4 EL TK-Petersilie

250 g Naturjoghurt (10 %)

## ZUBEREITUNG

1. Möhren waschen, schälen und je nach Größe ganz lassen, längs halbieren oder vierteln. Mandeln grob hacken.
2. In einer großen beschichteten Pfanne Butter mit 1 EL Öl schmelzen, Möhren und Mandeln dazugeben und kräftig anrösten. Mit Salz und Pfeffer würzen und mit 200 ml Wasser ablöschen. Zugedeckt bei mittlerer Hitze etwa 15 Minuten schmoren lassen.
3. Inzwischen Hirse mit 400 ml Wasser aufkochen und ca. 20 Minuten köcheln lassen. Mit der Gabel und restlichem Öl auflockern. Anschließend mit Kreuzkümmel, Salz, Pfeffer, Rosinen und Petersilie würzen.
4. Joghurt mit Salz, Pfeffer und Kreuzkümmel würzen.
5. Hirse mit den geschmorten Möhren zusammen anrichten. Dazu den Joghurt servieren.

**Info**

Statt Hirse ist auch Couscous eine gute Alternative. Unbedingt ungeschälte Mandeln verwenden! Gerade die Faserstoffe der braunen Haut wirken sich positiv auf unser Mikrobiom aus und liefern viele Ballaststoffe. Sie sorgen damit für ein lang anhaltendes Sättigungsgefühl.

**€€€**

**Spartipp**

TK-Petersilie ist meist günstiger als Frische.

Möhrengrün kann Petersilie ersetzen. Wer im Sommer Bundmöhren kauft, das Grün fein hacken und einfrieren.

# MAC 'N' CHEESE mit Brokkoli

Meine gesunde Variante des Klassikers: denn die cremige Käsesauce punktet mit viel Gemüse. Brokkoli macht sie nicht nur leichter, sondern enthält auch viel Vitamin C. Lässt sich auch wunderbar vorkochen und als Auflauf überbacken.

## NÄHRWERTE

**Zubereitungszeit:** 25 Minuten

**Pro Portion:** 516 kcal, 26,6 g EW, 19,4 g F, 62,1 g KH, 7,2 g BS

**Preis pro Portion:** 1,37 €

## ZUTATEN

*für 4 Portionen*

1 große Lauchstange

500 g Brokkoli

1 Knoblauchzehe

1 EL Rapsöl

Salz

300 g kurze Röhrennudeln

Chiliflocken

geriebene Muskatnuss

150 g geriebener Cheddar

## ZUBEREITUNG

1. Lauch putzen, längs halbieren und mit Brokkoli waschen. Röschen ganz oben vom Brokkoli entfernen und beiseitelegen. Knoblauch schälen, mit Lauch und Brokkolistiel in feine Scheiben schneiden. Mit Öl in einem Topf zugedeckt ca. 15 Minuten dünsten.
2. Inzwischen Nudelwasser mit Salz zum Kochen bringen, Nudeln al dente kochen. 5 Minuten bevor die Nudeln fertig sind, Brokkoliröschen dazugeben. Vor dem Abgießen 1 Tasse Nudelwasser abnehmen.
3. Das Nudelwasser zum Gemüse geben, mit dem Pürierstab fein pürieren und würzen.
4. Die Sauce mit den Nudeln, den Brokkoliröschen und dem Käse vermischen.

**Tipp**

Sauce mit Thymian verfeinern.

€€€
**Spartipp**

Statt Cheddar günstigeren Käse kaufen.

# KÜRBIS-KOKOS-RISOTTO *mit Kürbiskernen*

Kürbis und Reis sind nicht nur preiswert, sondern machen gleichzeitig richtig satt. Zum cremigen Risotto passt als Beilage hervorragend Fisch.

Oktober

## NÄHRWERTE

**Zubereitungszeit:** 50 Minuten
**Pro Portion:** 472 kcal, 11,3 g EW, 22,1 g F, 53,2 g KH, 5,9 g BS
**Preis pro Portion:** 0,78 €

## ZUTATEN

*für 4 Portionen*

1 Zwiebel

600 g Hokkaido-Kürbis

2 EL Rapsöl

Salz

1 EL mildes Currypulver

220 g Milchreis

500 ml Gemüsebrühe

200 ml Kokosmilch (10 %)

50 g Kürbiskerne

3 EL Orangensaft

## ZUBEREITUNG

1. Zwiebel schälen und in kleine Würfel schneiden. Kürbis waschen, Kerne entfernen, in Spalten und dann in etwa 1,5 cm große Stücke teilen. In einem Schmortopf Zwiebel in Öl dünsten, dann Kürbis zugeben, mit Salz und Curry würzen. Zugedeckt etwa 10 Minuten schmoren.
2. Inzwischen Reis mit warmen Wasser waschen, zugeben und andünsten. Mit der Hälfte Gemüsebrühe angießen. Zudecken und weiter garen. Ab und zu umrühren und Brühe zugeben, sobald das Risotto trocken wird. Am Ende Kokosmilch zugießen.
3. Kürbiskerne trocken in einer Pfanne rösten, bis sie duften. Risotto mit Orangensaft abschmecken und mit den Kürbiskernen toppen. Dazu passt natürlich grüner Salat.

**Info**

Für ein gewisses Extra sorgt Zitronensaft oder -schale. Wer Kokos nicht so gerne mag: Statt Kokosmilch Kondensmilch (7 %) zugeben und das Risotto zusätzlich mit 40 g Reibekäse bestreuen.

€€€

**Spartipp**

Milchreis eignet sich bestens für Risotto, auch wenn er etwas cremiger kocht. Er ist viel preiswerter als Risottoreis.

Kokosmilch im Asialaden kaufen – oder beim Discounter.

Statt Kürbiskernen können Erdnüsse angeröstet serviert werden.

# LINSENTOPF
# mit Hirtenkäse

Essig sorgt nicht nur für den pikanten Geschmack, sondern macht Linsen leichter bekömmlich. Ruhig mutig verwenden!

Oktober

## NÄHRWERTE

**Zubereitungszeit:** 50 Minuten

**Pro Portion:** 523 kcal, 26,0 g EW, 18,8 g F, 70,8 g KH, 16,4 g BS

**Preis pro Portion:** 1,94 €

## ZUTATEN

*für 4 Portionen*

1 große Zwiebel

1 Knoblauchzehe

3 EL Rapsöl

250 g Berglinsen

2 Lorbeerblätter

Salz

3 Möhren

300 g vorwiegend festkochende Kartoffeln

1 kleine Stange Lauch

200 g Staudensellerie

50 g Sonnenblumenkerne

1 Apfel

einige Stängel Majoran

150 g Hirtenkäse

4 EL Apfelessig

Pfeffer

## ZUBEREITUNG

1. Zwiebel und Knoblauch schälen und in Würfel schneiden. In einem Topf mit Öl anbraten, bis sie glasig sind. Linsen waschen und mit Lorbeer in den Topf geben. Mit 1 ¼ l gesalzenem Wasser zugedeckt bei mittlerer Hitze ca. 20 Minuten garen.
2. Inzwischen Möhren und Kartoffeln waschen, wenn nötig schälen und in feine Würfel schneiden. Lauch von Wurzel und Welkem befreien und längs halbieren. Mit dem Staudensellerie waschen. Beides in schmale Halbringe schneiden.
3. Möhren zu den Linsen geben und nach weiteren 5 Minuten Kartoffeln, Lauch und Staudensellerie. Weitere 10 Minuten zugedeckt kochen.
4. Inzwischen Sonnenblumenkerne in einer Pfanne rösten. Apfel und Majoran waschen. Apfel achteln und Kerngehäuse entfernen, in schmale Stücke schneiden. Majoran klein hacken und Hirtenkäse in Würfel schneiden.
5. Apfel und Majoran in die Suppe geben, kurz erhitzen und mit Essig, Salz und Pfeffer abschmecken. Als Topping Hirtenkäse und Sonnenblumenkerne drüberstreuen.

### Tipp

Falls noch Grün am Sellerie ist, klein geschnitten mit dem Majoran zu den Linsen geben.

**€€€**

**Spartipp**

One-Pot-Gerichte sparen Energie. Und nicht vergessen, den Deckel des Topfes nutzen!

# SELLERIEPUFFER mit Zwiebel-Apfel-Kompott

Rösche Puffer einfach mal nicht klassisch mit Apfelmus reichen: Als Kompott behalten die in Spalten geschnittenen Äpfel ihren Charakter. Und die Zwiebel unterstreicht den herzhaft-süßen Geschmack. Sellerie stärkt den Magen und den Darm.

Oktober

## NÄHRWERTE

**Zubereitungszeit:** 55 Minuten

**Pro Portion:** 588 kcal, 18,5 g EW, 25,7 g F, 61,5 g KH, 15,7 g BS

**Preis pro Portion:** 1,31 €

## ZUTATEN

*für 4 Portionen*

1 große Sellerieknolle (ca. 800 g)

1 Lauchstange

2 Eier

80 g würziger Reibekäse

110–120 g Weizenmehl (Type 1050)

Salz, Pfeffer

4 Äpfel

1 Zwiebel

5 EL Rapsöl

1 EL Zucker

½ Bio-Zitrone

## ZUBEREITUNG

1. Sellerie waschen, schälen und fein raspeln. Lauch von Wurzel und Blattenden befreien, der Länge nach halbieren und waschen. Erst längs in Streifen, dann quer in kleine Würfel schneiden.
2. Gemüse mit Eiern, Käse und Mehl vermengen. Zitrone waschen, abtrocknen und Schale abreiben. Schale in die Masse geben, salzen und pfeffern. Ist sie zu weich, mehr Mehl ergänzen und ziehen lassen.
3. Äpfel waschen, entkernen und in schmale Spalten schneiden. Zwiebel schälen und würfeln. In 1 EL Öl anbraten, mit Zucker karamellisieren. Äpfel zugeben, mit etwas Wasser ablöschen und weich kochen. Zitrone auspressen und mit den Äpfeln vermengen.
4. In einer beschichteten Pfanne Öl erhitzen. Je Puffer ungefähr 2 gehäufte EL in der Hand flach drücken und in die Pfanne geben. Bei mittlerer Hitze von beiden Seiten goldbraun braten. Puffer mit Apfelkompott reichen.

**Tipp**

Puffer mit klein geschnittenem Liebstöckel verfeinern.

€€€

**Spartipp**

Wenn vorhanden, Grün der Knolle auch verwenden.

Statt Zwiebel-Apfelkompott kann Apfelmus verwendet werden. Ist preiswerter und schneller.

# WIRSING-POLENTA-Gratin

Jetzt ist die Jahreszeit für Aufläufe und Gratins: Überbackene, cremige Polenta geschichtet mit Schmand und Wirsing. Diese Kohlsorte hat nicht nur einen dezenten Geschmack, sondern ist reich an Vitamin C.

Oktober

## NÄHRWERTE

**Zubereitungszeit:** 40 Minuten

**Backszeit:** 40 Minuten

**Pro Portion:** 427 kcal, 12,1 g EW, 32,6 g F, 21,6 g KH, 6,03 g BS

**Preis pro Portion:** 1,07 €

## ZUTATEN

*für 4 Portionen*

700 g Wirsing

2 EL Rapsöl

Salz, Pfeffer

½ TL Kümmel

geriebene Muskatnuss

½ l Haferdrink

160 g Maisgrieß (Polenta)

200 g Schmand

100 g würziger Reibekäse

## ZUBEREITUNG

1. Den Strunk vom Wirsing herausschneiden, dann die Blätter lösen, waschen und die Rippen abflachen, Blätter streifig schneiden. Rippen und Strunk im Blitzhacker musen. In einer großen Pfanne in 1 EL Öl andünsten, Blätter zugeben, mit Salz, Pfeffer, Kümmel und Muskat würzen und zugedeckt 5 Minuten zusammenfallen lassen.
2. 400 ml Haferdrink mit Wasser auf 500 ml auffüllen. Mit dem Maisgrieß mischen, würzen, aufkochen und quellen lassen.
3. Übrigen Haferdrink mit Schmand und Käse mischen, würzen. In eine gefettete Auflaufform Wirsingblätter, Polenta und die Schmandmischung schichtweise verteilen. Die Wirsingblätter kommen zuerst, Schmand zuletzt.
4. Das Gratin auf der mittleren Schiene des Backofens bei 200 °C ca. 40 Minuten backen.

**Tipp**

Schmeckt auch sehr gut mit Spitzkohl.

**€€€**

**Spartipp**

Statt Hafermilch kann für die Polenta auch Gemüsebrühe oder nur Wasser verwendet werden.

# TOPFENKNÖDEL mit Traubensalat

Das perfekte Soulfood aus fluffigem Teig und noch dazu gesund: Dafür sorgen Quark und Vollkorn-Mehl in den Knödeln. Die Trauben liefern die fruchtig-süße Komponente. Mit ein wenig Zimt wird es zur Lieblingsspeise.

Oktober

## NÄHRWERTE

**Zubereitungszeit:** 40 Minuten

**Pro Portion:** 519 kcal, 27,0 g EW, 12,9 g F, 8,2 g KH, 6,0 g BS

**Preis pro Portion:** 1,20 €

## ZUTATEN

*für 4 Portionen*

500 g Magerquark

2 Eier

Salz

1 Päckchen Vanillezucker

120 g Vollkorn-Mehl (Weizen oder Dinkel)

ca. 80 g Semmelbrösel

600 g Weintrauben

1 EL Butter

2 EL Rapsöl

Zimtpulver

20 g Zucker

## ZUBEREITUNG

1. Quark in einem Sieb abtropfen lassen, dann mit Eiern, einer Messerspitze Salz und Vanillezucker cremig rühren. Nach und nach Mehl und so viel Brösel untermischen, bis der Teig formbar ist.
2. Trauben waschen, von den Stielen zupfen und halbieren.
3. Etwa 40 g Brösel mit Butter und Öl in einer großen Pfanne goldbraun rösten.
4. In einem großen Topf Wasser mit Salz aufkochen. Mit einem nassen Esslöffel Nockerln abstechen und ins kochende Wasser geben. Nicht mehr kochen, nur noch ziehen lassen, bis sie oben schwimmen. Dann mit einem Schaumlöffel herausheben und in der Bröselpfanne schwenken.
5. Topfenknödel mit Zimtzucker und Traubensalat servieren.

**Info**

Wer Zucker sparen will, nimmt Puderzucker – davon braucht man weniger, weil er süßer wirkt. Als Hauptmahlzeit mit 50 g Nüssen ergänzen. Ist kalorienreicher und proteinhaltiger. Wer selbst einen Nussbaum hat, nimmt natürlich Walnüsse.

**€€€ Spartipp**

Preiswerter als Vollkorn-Mehl ist Weißmehl, doch der Unterschied ist so gering, dass der Gesundheitswert überwiegt.

Gute Verwendung für Keks- und Kuchenbrösel – erspart den Zucker!

# SÜSSKARTOFFELSUPPE mit körnigem Frischkäse

Süßkartoffel-Suppe – perfekt im Herbst. Sie wärmt von innen, macht schön satt und schmeckt süß und würzig. Süßkartoffeln sind reich an Beta-Carotin (Vorstufe von Vitamin A). Das wirkt zellschützend und stärkt unser Immunsystem.

November

## NÄHRWERTE

**Zubereitungszeit:** 35 Minuten
**Pro Portion:** 507 kcal, 18,9 g EW, 26,9 g F, 51,6 g KH, 9,6 g BS
**Preis pro Portion:** 1,85 €

## ZUTATEN

*für 4 Portionen*

600 g Süßkartoffeln
1 rote Paprika
1 Zwiebel
1 Knoblauchzehe
3 EL Rapsöl
120 g geröstete Erdnüsse
1 EL Kurkuma
1 EL Paprikapulver
Salz, Pfeffer
600 ml Gemüsebrühe
200 g körniger Frischkäse
Thymian

## ZUBEREITUNG

1. Süßkartoffeln waschen, schälen und grob zerkleinern. Paprika waschen, halbieren, Stiel und Kerne entfernen und die Paprika würfelig schneiden. Zwiebel und Knoblauch schälen und hacken.
2. Das Öl in einem Topf erhitzen, Paprika, Zwiebel und Knoblauch darin anbraten. Kartoffelstücke, 100 g Erdnüsse und die Gewürze dazugeben. Zugedeckt etwa 20 Minuten bei kleiner Hitze schmoren, bis das Gemüse weich ist. Wenn es beginnt anzusetzen, etwas Gemüsebrühe zugeben.
3. Alles fein pürieren und so viel Brühe zugeben, dass die Suppe die richtige Konsistenz hat. Jeden Teller mit 1 EL Frischkäse, etwas Thymian und ein paar Erdnüssen toppen.

**Tipp**

Wer etwas Schärfe mag, kann Ingwer zugeben.

**€€€ Spartipp**

Wenn Süßkartoffeln zu teuer sind, einfach normale Kartoffeln und Karotten verwenden – schmeckt auch toll.

# SEMMELKNÖDEL *auf Pilzragout*

Pilze sind nicht so eiweißreich, wie oft angenommen wird – sie schmecken aber ähnlich „umami“ wie Fleisch. Das Eiweiß hier kommt eher von Mandeln, Brot und Ei. Statt Champignons eignen sich auch andere Pilzarten wie Parasol oder Butterpilze.

## NÄHRWERTE

**Zubereitungszeit:** 55 Minuten

**Pro Portion:** 527 kcal, 22,1 g EW, 25,7 g F, 48,2 g KH, 6,6 g BS

**Preis pro Portion:** 1,87 €

## ZUTATEN

*für 4 Portionen*

ca. 300 g Brötchen vom Vortag

250 ml Vollmilch

2 Eier

Pfeffer

etwas Muskatnuss

30 g Mandeln

1 Bund Petersilie

800 g Champignons

1 Zwiebel Salz

1–2 EL Butter

100 g Schmand

## ZUBEREITUNG

1. Brötchen in dünne Scheiben schneiden. Lauwarme Milch mit Eiern verquirlen, mit Pfeffer und Muskatnuss würzen. Eiermilch über die Brötchen gießen und 15–20 Minuten quellen lassen. Durchmischen und evtl. Wasser zugeben.
2. Inzwischen Mandeln fein hacken. Petersilie waschen und hacken. Pilze mit Küchenpapier putzen und je nach Größe halbieren oder vierteln. Zwiebel schälen und würfeln.
3. Im Topf Salzwasser zum Kochen bringen. 1 EL Petersilie und Mandeln zum Knödelteig geben und mit feuchten Händen 12 kleine Knödel formen, ins kochende Wasser geben und bei schwacher Hitze 12 Minuten ziehen lassen, bis sie oben schwimmen. Mit einem Schaumlöffel herausheben.
4. Inzwischen Butter in einer großen Pfanne zerlassen. Zwiebel darin dünsten. Pilze zugeben, salzen, pfeffern und unter Rühren braten, bis sie leicht braun sind. Schmand und restliche Petersilie zugeben. Mit den Knödeln servieren.

**Tipp**

Mit einem Eisportionierer lässt sich der Knödelteig prima portionieren.

€€€ **Spartipp**

Statt Mandeln selbst gesammelte Walnüsse knacken und verwenden.

Altbackenes Brot oder Brötchen vom Vortag gibt es im Handel oft günstiger.

TK-Petersilie ist im Handel meist günstiger als frische Petersilie.

# PASTA-BOLOGNESE

*vegan*

Sojaschnetz ist eine tolle Alternative zu Hackfleisch, einfach zu bevorraten und preiswerter. Es ist ebenso eiweißreich und enthält weniger, dafür aber gesündere, pflanzliche Fette. Die Bolo schmeckt durch Sojasauce auch ohne Aromen würzig!

November

## NÄHRWERTE

**Zubereitungszeit:** 35 Minuten

**Pro Portion:** 532 kcal, 25,6 g EW, 13,6 g F, 82,6 g KH, 13,1 g BS

**Preis pro Portion:** 1,20 €

## ZUTATEN

*für 4 Portionen*

4 EL Sojasauce

120 g Sojaschnetzel

2 Zwiebeln

4 Möhren

400 g braune Champignons

4 EL Rapsöl

4 EL Tomatenmark

800 g gehackte Dosentomaten

Paprikapulver

Salz, Pfeffer

350 g Spaghetti

50 g ungeschälte Mandeln

## ZUBEREITUNG

1. 300 ml heißes Wasser mit Sojasauce und Sojahack mischen. 10 Minuten einweichen.
2. Inzwischen Zwiebeln schälen, Möhren waschen und Pilze putzen. Gemüse in kleine Würfel schneiden.
3. Sojahack abgießen, Einweichwasser auffangen. Zwiebeln in der Pfanne im Öl anbraten. Möhren, Pilze und Sojahack dazugeben. Zugedeckt schmoren lassen. Tomatenmark mit anbraten und mit Einweichwasser ablöschen. Tomaten zufügen und 10 Minuten mit Spritzschutz köcheln lassen. Mit Paprikapulver, Salz und Pfeffer abschmecken.
4. Spaghetti in Salzwasser bissfest kochen. Inzwischen Mandeln hacken und in einer Pfanne rösten, bis sie leicht angebräunt sind. Spaghetti abgießen. Mit der Hälfte der Bolo servieren, mit den Mandeln toppen.
5. Die übrige Bolo für die nächste Mahlzeit kühl aufbewahren.

**Info**

Die Menge Bolognese ist auch für das Chili sin Carne (Seite 188) mitberechnet. Das spart Zeit und Energie. In Schritt 4 wird deshalb die Hälfte abgenommen. Damit die Spaghetti nicht aneinander kleben, vor dem Servieren einen Schwupps kochendes Wasser zugeben.

**€€€**

**Spartipp**

Doppelte Menge kochen. Hälfte einfrieren oder am nächsten Tag aufwärmen. Oder abwandeln. Das spart Zeit, Energie und Geld.

Statt Mandeln Walnüsse verwenden und selbst sammeln.

Das Wasser mit dem Wasserkocher vorkochen. Das geht schneller und spart Energie.

# CHILI SIN CARNE
## *in Tortillas*

Fladen aus Vollkorn sind ein toller Sattmacher, der reich an Eisen, Zink, Eiweiß und B-Vitaminen ist. Bis zum Essen warmhalten und frisch genießen, sonst werden sie hart.

*November*

### NÄHRWERTE

**Zubereitungszeit:** 45 Minuten

**Pro Portion:** 565 kcal, 16,5g EW, 25,6g F, 71,8KH, 9,07g BS

**Preis pro Portion:** 1,58 €

### ZUTATEN

*für 4 Portionen*

325 g Weizenmehl (Type 1050)

1 TL Backpulver

1 TL Salz

60 ml Rapsöl

Rest der Soja-Bolognese vom Vortag (Seite 186)

1 Dose Kidney-Bohnen (Abtropfgewicht 225 g)

Chilipulver

100 g Schmand

### ZUBEREITUNG

1. Mehl, Backpulver und Salz mischen. 140 ml warmes Wasser zugeben und verkneten. Den Teig abgedeckt 15 Minuten ruhen lassen.
2. Teig in 8 gleich große Teile aufteilen und jeden Teil flach drücken. Wenn nötig noch etwas Mehl benutzen. Dann mit dem Nudelholz ausrollen, sodass dünne Fladen mit einem Durchmesser von ca. 20 cm entstehen.
3. Fladen in einer Pfanne mit Öl von beiden Seiten goldbraun backen.
4. Die Soja-Bolognese mit den Kidney-Bohnen in einem Topf erhitzen. Mit Chilipulver würzen.
5. Das Chili zu den Tortillas reichen und mit Schmand toppen.

**Tipp**

Die Fladen sind schnell gemacht, wenn mal kein Brot im Haus ist.

**€€€**

**Spartipp**

Die Bolo vom Vortag spart Zeit, Energie und Geld.

Fladenbrot selbst zu machen, lohnt sich – am besten Mehl in größeren Mengen kaufen.

# CREMIGES Rosenkohl-Risotto

Hier gart der Rosenkohl gleich mit dem Reis. Das spart Zeit und schont die wertvollen Inhaltsstoffe. Denn Rosenkohl ist nicht nur reich an Mineralstoffen und Vitaminen, sondern auch an Glucosinolaten, die zellschützend wirken, und wohltuenden Bitterstoffen.



## NÄHRWERTE

**Zubereitungszeit:** 45 Minuten

**Pro Portion:** 543 kcal, 26,6 g EW, 21,1 g F, 65,3 g KH, 8,9 g BS

**Preis pro Portion:** 1,13 €

## ZUTATEN

*für 4 Portionen*

750 g Rosenkohl

1 Zwiebel

2 EL Rapsöl

250 g Milchreis

750 ml Gemüsebrühe

40 g Kürbiskerne

200 g körniger Frischkäse

Salz, Pfeffer

Muskat

2 EL Butter

80 g Reibekäse

## ZUBEREITUNG

1. Rosenkohl waschen. Welke Blättchen entfernen und den Strunk dünn abschneiden. Die Knospen je nach Größe halbieren oder vierteln.
2. Zwiebel schälen und hacken. Im Öl glasig dünsten. Reis zugeben und kurz mitdünsten. Mit Gemüsebrühe angießen, den Rosenkohl zugeben und unter Rühren ca. 20 Minuten mit garen. Bei Bedarf Brühe nachgießen.
3. Inzwischen Kürbiskerne hacken und rösten, bis sie duften.
4. Wenn das Risotto gar ist, den körnigen Frischkäse unterrühren und kräftig würzen. Zum Schluss die Butter zugeben. Mit Käse und Kürbiskernen bestreut servieren.

**Tipp**

Schmeckt auch ganz toll mit Buchweizen statt Reis – ist aber etwas teurer.

**€€€**

**Spartipp**

Statt Kürbiskernen 2 kernweich gekochte Eier hacken und unterziehen.

Bereits geriebener Käse ist oft günstiger als Käse am Stück.

Milchreis ist viel günstiger als Risottoreis und etwas weicher. Also nicht zu lange kochen.

# ROTE-BEETE-PUFFER
## an Selleriepüree

November

Apfelsaft macht das Selleriepüree aromatisch und sorgt für die bessere Verfügbarkeit von Eisen und Zink. Beides ist reichlich in der Hirse enthalten, die sich in den Puffern versteckt. Das rote Betanin in den Beeten wirkt zellschützend.

### NÄHRWERTE

**Zubereitungszeit:** 50 Minuten

**Pro Portion:** 502 kcal, 15,2 g EW, 28,9 g F, 51,1 g KH, 12,1 g BS

**Preis pro Portion:** 1,42 €

### ZUTATEN

*für 4 Portionen*

100 g Hirse

Salz

1 Knollensellerie (ca. 800–1000 g)

5–6 EL Rapsöl

250 ml Apfelsaft

400 g Rote Beete

1 Möhre

2 Eier

4 EL Semmelbrösel

Pfeffer

Muskatnuss

150 g Doppelrahm-Frischkäse

1 Zwiebel

### ZUBEREITUNG

1. Hirse in 200 ml Salzwasser für 10 Minuten kochen, abkühlen lassen.
2. Sellerie waschen, schälen und grob zerteilen, in 1 EL Rapsöl andünsten, salzen und mit dem Apfelsaft aufgießen. Zugedeckt etwa 20 Minuten weich kochen.
3. Rote Beete und Möhre waschen, schälen und fein raspeln, mit den Eiern, dem Hirsebrei, Semmelbröseln, Salz und Pfeffer mischen. Danach die Masse mit dem Pürierstab pürieren. Puffer daraus formen und von beiden Seiten bei mittlerer Hitze in 3–4 EL Rapsöl braten.
4. Inzwischen Sellerie pürieren, mit Salz, Pfeffer, Muskatnuss und Frischkäse abschmecken.
5. Zwiebel schälen und in Ringe schneiden. In Rapsöl knusprig braten. Auf dem Püree anrichten und zu den Puffern reichen.

**Tipp**

Hirse über Nacht einweichen – das macht sie leichter verdaulich. Noch besser: 2–3 Tage ankeimen lassen, bis sich helle Stippchen zeigen.

€€€
**Spartipp**

Sellerie lässt sich schneller und energieeffizienter in einem Schnellkochtopf garen.

Frische rohe Rote Beete ist günstiger und aromatischer als die vorgegarten, eingeschweißten Rüben.

# KARTOFFEL-LAUCHCREME
## mit Pfannenbrot

Ein cremiger Genuss für Regentage. Das Käsebrot sorgt für Sättigung und wird schnell in der Pfanne gebraten. Stattdessen passen auch (Veggie-)Wienerle.

November

### NÄHRWERTE

**Zubereitungszeit:** 40 Minuten

**Pro Portion:** 551 kcal, 20,5 g EW, 26,1 g F, g 63,6 KH, 9,84 g BS

**Preis pro Portion:** 1,40 €

### ZUTATEN

*für 4 Portionen*

2 Stangen Lauch (ca. 500 g)

400 g mehligkochende Kartoffeln

1 Zwiebel

4 EL Rapsöl

300 ml Gemüsebrühe

Salz, Pfeffer

Muskatnuss

4 große Scheiben Brot vom Vortag

100 g Reibekäse

250 ml Vollmilch

100 g Schlagsahne

### ZUBEREITUNG

1. Lauch von Wurzel und Welkem befreien, längs halbieren und waschen. In 1–2 cm lange Stücke schneiden. Kartoffeln waschen, schälen und würfeln. Zwiebel schälen und hacken.
2. Zwiebeln in 1 EL Öl andünsten, Lauch und Kartoffeln hinzufügen und mit Brühe angießen. Mit Salz, Pfeffer und Muskat würzen und ca. 20 Minuten zugedeckt garen.
3. Inzwischen Brotscheiben in einer Pfanne in Öl anbraten, wenden und mit Käse bestreuen. Zugedeckt bei kleiner Hitze weiterbraten, bis der Käse schmilzt.
4. Suppe pürieren, dabei Milch zugeben. Sahne steif schlagen, unterziehen und abschmecken.

**Tipp**

Majoran oder eine Knoblauchzehe machen die Suppe noch aromatischer.

**€€€**

**Spartipp**

Für die Suppe altbackenes Brot verwenden. Gibt es im Handel günstiger.

Die doppelte Menge kochen – bleibt kühl gelagert 2–3 Tage frisch. Vor Verzehr einmal aufkochen.

# FRUCHTIGE Topfenpalatschinken

Hauchdünne Pfannkuchen heißen in der österreichisch-ungarischen Küche Palatschinken. Hier sind sie durch Vollkorn-Mehl kräftiger, machen aber durch Eiweiß und Ballaststoffe auch länger satt. Süß wird es durch Apfelmus und Rosinen.

November

## NÄHRWERTE

**Zubereitungszeit:** 40 Minuten

**Backzeit:** 50 Minuten

**Pro Portion:** 567 kcal, 25,2 g EW, 23,2 g F, 66,3 g KH, 6,5 g BS

**Preis pro Portion:** 1,13 €

## ZUTATEN

*für 4 Portionen*

5 Eier

200 g Vollkorn-Mehl

300 ml Milch (1,5 %)

Salz

250 g Quark (20 %)

250 g Apfelmus (Fertigprodukt)

50 g Rosinen

2 EL Mineralwasser

2 EL Butter

1 EL Rapsöl

200 g Kaffeesahne (10 % )

Puderzucker zum Bestreuen

## ZUBEREITUNG

1. Aus 3 Eiern, Mehl, Milch und 1 Prise Salz einen glatten Teig rühren und 15 Minuten ruhen lassen.
2. Inzwischen für die Füllung Quark, 1 Ei und Apfelmus cremig schlagen. Rosinen untermischen.
3. Den Teig mit Mineralwasser aufschäumen. Butter in einer beschichteten Pfanne erhitzen, etwas Teig darin verteilen und von beiden Seiten backen. Aus dem restlichen Teig weitere Palatschinken machen.
4. Backofen auf 180 °C vorheizen. Auflaufform fetten. Palatschinken mit der Quarkfüllung bestreichen, aufrollen und einschichten. Kaffeesahne mit Ei vermischen, darüber verteilen und 30 Minuten im Ofen backen. Mit Puderzucker bestreut servieren.

**Tipp**

Statt Apfelmus eine klein gewürfelte Mango verwenden. Mit gehackten Nüssen in der Füllung wird es sättigender.

€€€
**Spartipp**

Magerquark mit 1 EL Rapsöl verrührt verwenden.

Kaffeesahne ist ein leichter, preiswerter Sahneersatz und toll fürs Kochen geeignet.

# BUNTES Hummus-Board

Bunte Dips auf Kichererbsen-Basis lassen sich einfach mit frischen Zutaten aufpeppen und mit Brot dippen. Eine gute Idee fürs Abendessen oder auch zum Mitnehmen – dann in einer Box statt auf dem Brett.

Dezember

## NÄHRWERTE

**Zubereitungszeit:** 40 Minuten
**Garzeit:** 50 Minuten
**Pro Portion:** 435 kcal, 15,3 g EW, 16 g F, 64,9 g KH, 13,4 g BS
**Preis pro Portion:** 1,98 €

## ZUTATEN

*für 6–8 Portionen*

300 g getrocknete Kichererbsen

Salz, Pfeffer

1 Zitrone

4 EL Tahin (Sesampaste)

5 EL Olivenöl

1 TL Kreuzkümmel

2 Möhren (à 150 g)

1 kleine rote Beete (ca. 150 g)

1 TL Kurkuma

1 TL Meerrettich

Toppings: z. B. Frühlingszwiebeln, Granatapfelkerne, Kürbiskerne, Kresse …

Brot oder Baguette zum Dippen

## ZUBEREITUNG

1. Kichererbsen mit der doppelten Menge Wasser und 1 TL Salz im Schnellkochtopf Stufe 2 etwa 50 Minuten garen. In der Zwischenzeit die Toppings vorbereiten.
2. Zitrone waschen, trocknen, Schale abreiben und auspressen. Weiche Kichererbsen samt Garflüssigkeit, Zitronensaft und -schale cremig pürieren. Nacheinander Tahin, 3 EL Öl und ca. 100 ml Wasser zugeben. Mit Kreuzkümmel, Salz und Pfeffer abschmecken.
3. Möhren und Rote Beete waschen. Wenn nötig, die Möhren schälen und in Scheiben schneiden. Im Schnellkochtopf in 1 EL Öl andünsten, salzen, 100 ml Wasser zugeben und bei Stufe 2 etwa 3 Minuten garen. Topf unter kaltem Wasser abkühlen, Möhren herausnehmen.
4. Rote Beete schälen, in kleine Würfel schneiden, in 1 EL Öl andünsten, salzen, mit 100 ml Wasser ablöschen und den Topf schließen. Bei Stufe 2 etwa 6 Minuten garen.
5. Hummus in 3 Portionen teilen. 1 Portion mit den Möhren pürieren und mit Kurkuma abschmecken. Die zweite mit Roter Beete pürieren und mit Meerrettich würzen. Die letzte pur lassen.
6. Hummus auf einem Brett verstreichen und Toppings darüber streuen, mit frischem Bauernbrot servieren.

**Tipp**

Der Hummus ist gekühlt im Schraubglas bis zu einer Woche haltbar.

**€€€**
**Spartipp**

Mit einem Schnellkochtopf spart ihr Zeit und Energiekosten.

# GEFÜLLTE CHAMPIGNONS *auf Kürbis-Couscous*

Champignons mit leckerer Füllung auf Kürbis-Couscous – der Butternut-Kürbis sorgt für eine gute Portion Beta-Carotin und dank der Champignons gibt's obendrauf zahlreiche Mineralstoffe und B-Vitamine.

*Dezember*

## NÄHRWERTE

**Zubereitungszeit:** 60 Minuten

**Pro Portion:** 503 kcal, 24,4 g EW, 19,8 g F, 61,2,4 g KH, 10,8 g BS

**Preis pro Portion:** 1,83 €

## ZUTATEN

*für 4 Portionen*

500 g große Champignons

3 Frühlingszwiebeln

1 kleiner Butternut-Kürbis (ca. 1 kg)

300 g Kräuter-Frischkäse

Salz, Pfeffer

2 TL Currypulver

4 EL Öl

200 g Couscous

600 ml Gemüsebrühe

50 g Reibekäse

## ZUBEREITUNG

1. Champignons putzen und Stiele entfernen. Die Stiele fein würfeln. Frühlingszwiebeln waschen und in dünne Ringe schneiden. Den Kürbis waschen, schälen, halbieren und die Kerne herausschaben. Etwa 100 g Kürbis für die Pilzfüllung fein raspeln, den Rest in ca. 1 cm große Würfel schneiden.
2. Für die Füllung Champignonstiele, die Hälfte der Frühlingszwiebelringe, Kürbisraspel und die Hälfte des Frischkäses in einer Schüssel vermengen. Mit Salz, Pfeffer und 1 TL Currypulver abschmecken.
3. Kürbiswürfel in eine flache Auflaufform (ca. 24 x 30 cm) geben, mit Öl, Salz, Pfeffer und 1 TL Currypulver marinieren. Couscous dazugeben und mit 600 ml Brühe aufgießen.
4. Ofen auf 180 °C vorheizen. Die ausgehöhlten Champignons mit der Mischung füllen, auf den Kürbis-Couscous in die Form setzen und mit Reibekäse bestreuen. Im Ofen ca. 40 Minuten backen. Zum Schluss den restlichen Frischkäse und die übrigen Frühlingszwiebelringe unter den Kürbis-Couscous mischen und servieren.

**Tipp**

In die Marinade für den Kürbis 1–2 EL Ahornsirup, Honig oder Agavendicksaft geben – die leichte Süße harmoniert perfekt mit der Curry-Note.

€€€
**Spartipp**

Statt Frühlingszwiebeln einfach gewöhnliche Haushaltszwiebeln für die Pilz-Füllung verwenden.

# PASTINAKEN-SOUFFLÉ *mit Feldsalat*

Wurzelgemüse hat jetzt Saison und ist preiswert. Pastinaken tun dem Darm und der Abwehr gut und eignen sich perfekt für diesen cremig-lockeren Auflauf.

Dezember

## NÄHRWERTE

**Zubereitungszeit:** 50 Minuten
**Pro Portion:** 562 kcal, 20,3 g EW, 39,8 g F, 34,3 g KH, 6,11 g BS
**Preis pro Portion:** 1,66 €

## ZUTATEN

*für 4 Portionen*

600 g Pastinaken
1 Knoblauchzehe
4 EL Rapsöl
2 EL Mehl
100 ml Orangensaft
Salz, Pfeffer
50 g Parmesan
100 g gemahlene Haselnusskerne
1 TL gehackter Rosmarin
3 EL Senf
4 Eier
3 EL Brandweinessig
150 g Feldsalat

## ZUBEREITUNG

1. Pastinaken waschen, schälen und in Würfel schneiden. Knoblauch schälen und hacken. In 2 EL Rapsöl Knoblauch und Pastinaken kurz andünsten, mit dem Mehl bestäuben. Bevor das Gemüse beginnt anzusetzen, Orangensaft und 200 ml Wasser dazugeben. Mit Salz und Pfeffer würzen und zugedeckt bei mittlerer Hitze in ca. 15 Minuten weich dünsten.
2. Den Backofen auf 200 °C vorheizen und eine Auflaufform (15 cm ø) mit 1 EL Rapsöl einfetten.
3. Die Pastinakenmischung pürieren und abkühlen lassen. Parmesan, Haselnüsse, Rosmarin und 2 EL Senf unterziehen. Mit Salz und Pfeffer abschmecken.
4. Eier trennen und Eiweiße steif schlagen. Eigelb mit dem Püree mischen, dann den Eischnee unterziehen. Die Masse in die Form füllen und im Backofen ca. 30 Minuten goldbraun backen.
5. Inzwischen eine Vinaigrette aus übrigem Öl, Senf, Essig, Salz und Pfeffer rühren. Feldsalat putzen und waschen. Alles mischen und mit dem heißen Soufflé servieren.

**Info**

Das Vorheizen des Backofens kostet zwar Energie, ist aber bei Soufflés notwendig.

€€€ **Spartipp**

Parmesan am Stück ist günstiger als fertig gerieben.

Grana Padano ist eine gleichwertige, günstige Alternative.

# AUSGEBACKENER WIRSING und Curry-Reis

Kichererbsenmehl eignet sich perfekt als Ausbackteig für Gemüse – in der indischen Küche als Pakora bezeichnet. Und das Wirsingherz landet im Reis!

Dezember

## NÄHRWERTE

**Zubereitungszeit:** 30 Minuten

**Pro Portion:** 656 kcal, 19,5 g EW, 33 g F, 60,3 g KH, 13,8 g BS

**Preis pro Portion:** 1,06 €

## ZUTATEN

*für 4 Portionen*

1 Bio-Zitrone

200 g Kichererbsenmehl

1 TL Backpulver

Salz

Currypulver

½ Wirsing (ca. 700 g)

1 Zwiebel

ca. 8 EL Rapsöl

200 g Vollkorn-Reis

150 g Naturjoghurt 3,5 % Fett

## ZUBEREITUNG

1. Zitrone waschen und abtrocknen. Die Schale abreiben und Saft auspressen. Kichererbsenmehl mit Backpulver, Salz und Currypulver mischen, mit 500 ml Wasser und dem Zitronensaft verrühren.
2. Wirsing waschen und die äußeren 8–12 Blätter abtrennen. Die Blätter in der Mitte der Rippe halbieren und außen einschneiden, sodass sie flach sind.
3. Restlichen Wirsing klein hacken. Zwiebel schälen und in feine Würfel schneiden. In 2 EL Öl in einem Topf erhitzen und mit dem gehackten Wirsing anbraten. Mit Salz und Currypulver würzen. Nach ca. 3 Minuten den Reis zugeben und mit 450 ml Wasser angießen. Aufkochen und mit geschlossenem Deckel bei niedriger Temperatur garen lassen.
4. In einer Pfanne das restliche Öl erhitzen. Die Wirsingblätter nun Stück für Stück im Kichererbsenteig wenden und im heißen Öl von beiden Seiten braten.
5. Joghurt mit der Zitronenschale verrühren. Mit dem Curryreis und den Wirsingblättern servieren.

**Tipp**

Angebratene Wirsingblätter auf Küchenpapier legen, so wird überflüssiges Öl aufgesaugt.

€€€
**Spartipp**

Mit etwas Druck die Zitrone vor dem Auspressen über einen festen Untergrund rollen. So kommt mehr Saft aus der Frucht.

# PILZPFLANZERL
## mit Kürbis-Kartoffelstampf

Sie liefern das würzige „Umami“- Aroma, das durch Braten verstärkt wird, sind aber nicht so eiweißreich wie der Mix aus Kartoffeln, Käse, Kaffeesahne und Ei. Perfekt für den Winter!

Dezember

### NÄHRWERTE

**Zubereitungszeit:** 60 Minuten

**Pro Portion:** 607 kcal, 31 g EW, 32 g F, 55 g KH, 11 g BS

**Preis pro Portion:** 1,98 €

### ZUTATEN

*für 4 Portionen*

500 g Kartoffeln

500 g Hokkaido-Kürbis

Salz

1 Zwiebel

800 g Champignons

1 Pck. TK-Petersilie

100 g Reibekäse

2 Eier

ca. 100 g Semmelbrösel

Worcestershiresauce

Pfeffer

5 EL Rapsöl

30 g Kürbiskerne

100 ml Kaffeesahne (10%)

### ZUBEREITUNG

1. Kartoffeln und Kürbis waschen. Kartoffeln schälen und zusammen mit dem Kürbis in grobe Würfel schneiden. Beides mit Deckel ca. 15 Minuten in 150 ml Salzwasser kochen.
2. Inzwischen Zwiebel schälen und fein würfeln. Champignons mit Küchenpapier reinigen und fein hacken. Mit Zwiebel, Petersilie, Käse, Eiern und Bröseln zu einer formbaren Masse verkneten und mit Worcestersauce, Salz und Pfeffer abschmecken.
3. Kleine, flache Puffer formen. Nach und nach in einer beschichteten Pfanne mit Öl von beiden Seiten jeweils 3 Minuten behutsam knusprig braun braten. Auf Küchenpapier abtropfen lassen.
4. Kürbiskerne hacken und in der Pfanne im Pilzfond rösten. Gemüse mit Kaffeesahne gut zerstampfen. Anschließend mit Salz und Muskatnuss abschmecken. Stampf mit Kürbiskernen bestreuen.

**Tipp**

Die Puffer heiß braten, damit die Pilze nicht zu sehr Wasser ziehen.

**€€€**

**Spartipp**

Für die Semmelbrösel altes, übrig gebliebenes Brot verwenden.

Statt Worcestershiresauce Sojasauce oder einige Tropfen Maggi verwenden.

# WÄRMENDES Winter-Ratatouille

Der Schnellkochtopf (SKT) ist für alles perfekt, was eine lange Garzeit hat, zum Beispiel derbes Wintergemüse oder getrocknete Hülsenfrüchte wie Bohnen. Alterativ 700 g Bohnen aus der Dose verwenden.



## NÄHRWERTE

**Zubereitungszeit:** 55 Minuten

**Pro Portion:** 537 kcal, 21,5 g EW, 28,8 g F, 57,7 g KH, 16,9 g BS

**Preis pro Portion:** 1,81 €

## ZUTATEN

*für 4 Portionen*

1 Zwiebel

1 Knoblauchzehe

8 EL Olivenöl

Salz

150 g weiße getrocknete Bohnen

500 g festkochende Kartoffeln

300 g Knollensellerie

300 g Grünkohl

40 g Sonnenblumenkerne

100 g Feldsalat

4 EL Parmesan

Pfeffer

Kräuter der Provence

800 g gehackte Dosentomaten

## ZUBEREITUNG

1. Zwiebel und Knoblauch schälen und in Würfel schneiden. Im Schnellkochtopf mit 2 EL Öl kurz dünsten. Nach ca. 2 Minuten mit 500 ml Wasser ablöschen, salzen und die getrockneten Bohnen hinzugeben. Den Deckel schließen und für ca. 30 Minuten bei Stufe 2 garen lassen.
2. Inzwischen Kartoffeln und Sellerie schälen und in mundgerechte Stücke schneiden. Grünkohl waschen, von welken Blättern und Stiel befreien. Blätter in kleine Stücke schneiden und größere Blattrippen hacken.
3. Sonnenblumenkerne in einer Pfanne rösten, bis sie duften. Feldsalat waschen und die Wurzeln entfernen. Mit Sonnenblumenkernen, Parmesan, Öl und 3 EL Wasser zu einem Pesto pürieren. Mit Salz und Pfeffer abschmecken.
4. Knollengemüse und Grünkohl sowie die Kräuter der Provence zu den Bohnen geben und ca. 3 Minuten bei Stufe 1 garen.
5. Tomaten zugeben und ohne Deckel einkochen. Ratatouille mit Gewürzen abschmecken und mit dem Pesto servieren.

**Tipp**

Wenn das Wasser in eurer Region sehr hart ist, Natron in das Garwasser hinzugeben. Das verringert die Garzeit.

**€€€**

**Spartipp**

Grana Padano ist günstiger als Parmesan.

Mit dem Schnellkochtopf spart ihr Zeit und etwa 70 % Energie. Die größere Hitze im Topf sorgt dafür, dass die Speisen in weniger als einem Drittel der üblichen Zeit garen.

# LASAGNE mit Wintergemüse

Pastinaken und Leinsamen sorgen für eine gesunde Darmflora – gut für die Abwehrkräfte. Möhren liefern Beta-Carotin und der Käse sorgt für Eiweiß und Aroma.



## NÄHRWERTE

**Zubereitungszeit:** 50 Minuten

**Pro Portion:** 605 kcal, 24,9 g EW, 27,1 g F, 70,7 g KH, 11,4 g BS

**Preis pro Portion:** 1, 49 €

## ZUTATEN

*für 4 Portionen*

400 g Pastinaken
400 g Grünkohl
1 Zwiebel
2 EL Mehl
4 EL Rapsöl
Salz, Pfeffer
Kurkuma
Muskatnuss
20 g Sesamsamen
30 g Leinsamenschrot
180 g Lasagneblätter
200 ml Kochsahne
100 g würziger Reibekäse

## ZUBEREITUNG

1. Das Gemüse waschen, Pastinaken und Zwiebel schälen und grob würfeln. Mit dem Mehl in 2 EL Rapsöl andünsten, mit Salz, Pfeffer, Kurkuma und Muskat würzen. 200 ml Wasser zugeben und zugedeckt bei kleiner Hitze ca. 15 Minuten garen, bis die Pastinaken weich sind.
2. Inzwischen den Grünkohl von dicken Rippen befreien und die Blätter in Streifen schneiden. In einer Pfanne in 2 EL Öl anbraten, mit Salz, Pfeffer und Muskat würzen und Sesamsamen, Leinschrot und Grünkohl kurz anbraten. Dann zugedeckt etwa 10 Minuten garen bis der Grünkohl zusammenfällt.
3. Kochsahne zu den Pastinaken geben und alles mit dem Pürierstab fein pürieren. Nach und nach 300 ml Wasser und die Hälfte Reibekäse zufügen.
4. Dann nacheinander ein wenig Pastinakenpüree in die Auflaufform (ca. 25 x 28 cm) geben, Lasagneblätter, Grünkohl und wieder Püree darauf verteilen. Dann wieder Lasagneblätter, Grünkohl und Püree einschichten.
5. Lasagne mit Käse bestreuen und im Backofen bei 180 °C ca. 30 Minuten backen.

**Tipp**

Lasagneblätter vor dem Schichten kurz in Wasser legen. So sind die Platten biegsamer und passen sich der Form besser an.

**€€€**

**Spartipp**

Noch günstiger ist die Winterlasagne, wenn ihr tiefgekühlten Grünkohl verwendet. Dazu ca. 300 g auftauen lassen.

# FRUCHTIGE *Hefeklöße*

Soulfood, das gut tut: Milch, Mehl und Nüsse liefern bestes Eiweiß und die Vitamine der Mandarinen werden im Kloß geschont. Sparen ohne Verzicht!

*Dezember*

## NÄHRWERTE

**Zubereitungszeit:** 60 Minuten

**Pro Portion:** 506 kcal, 17 g EW, 17 g F, 75 g KH, 8 g BS

**Preis pro Portion:** 0,73 €

## ZUTATEN

*für 4 Portionen*

175 ml Milch

1 EL Butter

1 Päckchen Trockenhefe

220 g Weizenmehl (Type 1050)

100 g gemahlene Haselnusskerne

2 EL Zucker

1 Päckchen Vanillezucker

1 Prise Salz

4 Mandarinen

3 Orangen (davon eine Bio)

1 TL Stärke

## ZUBEREITUNG

1. Milch und Butter erwärmen. Hefe mit Mehl, Nüssen, Zucker, Vanillezucker und Salz in einer Schüssel mischen. Die lauwarme Milch dazugeben und alles mit den Händen zu einem weichen Teig verkneten. Abgedeckt an einem warmen Ort ca. 30 Minuten gehen lassen.
2. Inzwischen Mandarinen schälen. Den Hefeteig in 4 Portionen teilen. Jede Mandarine mit Teig umhüllen und zu einem Kloß formen. Die Hefeklöße in einem Dämpfeinsatz über Dampf in ca. 30 Minuten garen.
3. Orangen heiß waschen und abtrocknen. Die Schale von der Bio-Orange abreiben. Alle Orangen mit einem Messer so schälen, dass die weiße Haut mit entfernt wird. Orangen vierteln und die Viertel in dünne Scheiben schneiden, dabei den Saft auffangen.
4. Orangensaft mit Stärke verquirlen, in einem Topf kurz aufkochen, dann vom Herd nehmen und Orangenschale und -stückchen dazugeben. Das Orangen-Kompott zu den Klößen reichen.

**Info**

Das Orangenkompott schmeckt toll mit zusätzlich 1–2 EL Orangenmarmelade und etwas gehacktem Ingwer. Zuckerfrei wird es mit Honig statt Zucker und Vanille aus der Mühle.

€€€

**Spartipp**

Gemahlene Nüsse sind günstiger als ganze Haselnusskerne.

Vanillezucker aus ausgekratzter oder ausgekochter Schote selbst herstellen: Vanilleschote in Stücke schneiden, mit Zucker in ein Schraubglas füllen. Mindestens 1 Woche ziehen lassen.

# Saisonkalender

JULI

AUGUST

SEPTEMBER

OKTOBER

NOVEMBER

DEZEMBER

# Register

## L



## M

## N



## O



## P



## Q



## R



## S

## T



## W



## Z

# DIE RETTENDE *Tabelle*

Ihr habt eine Zutat nicht zuhause und es ist Sonntag? Ihr würdet die Zutat nur einmal kaufen und wüsstet sonst nichts mit ihr anzufangen? Ihr möchtet ein Rezept veganisieren? Oder die Kräuter oder Gewürze im Rezept sind gerade einfach zu teuer? Keine Sorge, die Tabelle hilft euch aus der Not!

| **Fehlende Zutat** | **Alternative** |
|---|---|
| **GEWÜRZE** | |
| Kreuzkümmel | Currypulver |
| Kurkuma | weglassen |
| Lorbeerblatt | weglassen |
| Pul Biber | Chilli, Pfeffer |
| Muskat | weglassen |
| Macis | Muskat/weglassen |
| Vanille/Vanillezucker | Vanillinzucker |
| Fenchelsamen | Teebeutel oder weglassen |
| **KRÄUTER** | |
| Bärlauch | Knoblauch, Schnittlauch |
| Rosmarin | italienischer Kräutermix, Thymian |
| Zitronenmelisse | Minze |
| **SAUCEN UND PASTEN** | |
| Sojasauce | Maggi/Gemüsebrühe |
| Worcestershiresauce | Sojasauce |
| Ajvar | Tomatenmark und scharfes Paprikapulver |
| Balsamico-Creme | Balsamicoessig mit Sirup |
| Tomatenmark | passierte Tomaten und etwas weniger Flüssigkeit |
| Honig | Ahornsirup, Agavendicksaft, Zucker etc. ***ACHTUNG: Aroma und Süße unterschiedlich*** |
| Kokosmilch | Sahne, Sojacuisine |
| Meerettich | geriebenes Radieschen oder weglassen |
| Tahin | Erdnuss- oder Mandelmus ***ACHTUNG: Aroma unterschiedlich*** |
| **SONSTIGES** | |
| Stärke | Mehl |
| Dinkelmehl/-grieß | Weizenmehl/-grieß |
| Mandeln | Haselnüsse |
| gelbe Linsen | rote Linsen (sind beide geschält) |
| Kürbiskerne | Sonnenblumenkerne etc. |
| Limette | Zitrone |
| Zitrone | Apfelessig, Weißweinessig etc. |
| Rapsöl | jedes andere Öl (Oliven-, Kokos-, Sonnenblumen-) ***ACHTUNG: Aroma und Erhitzbarkeit variiert*** |

# ÜBER die Autorin

**Dagmar von Cramm** ist eine der bekanntesten Food-Journalistinnen Deutschlands. Die Diplom-Ökotrophologin und freie Fach-Journalistin ist Autorin zahlreicher Erfolgstitel und tritt regelmäßig als Ernährungs-Expertin in Fernsehsendungen auf. In ihrem Freiburger Redaktionsbüro mit angeschlossener Versuchsküche entwickelt sie mit ihrem Team Rezepte und Artikel für ihre Kochbücher und zahlreiche Zeitschriften sowie Beiträge für ihren YouTube- und Instagram Kanal. Die produziert sie in ihrer historischen Mühle im Markgräfler Land. Dagmar von Cramm hat drei erwachsene Söhne und pendelt mit ihrem Mann zwischen Freiburg und der Mühle.

# REZEPTE FÜR *die Seele*

**Soulfood für Faule**
Über 50 Wohlfühlrezepte in maximal 30 Minuten für den Feierabend kochen

ISBN 978-3-7459-1555-6

**Buddha Bowls**
Gesund & bunt – 50 x Energie aus der Schüssel

ISBN 978-3-7459-2515-9

**Lecker, leicht, One-Pot!**
Kalorienarme Rezepte 24/7.
Maximal 600 Kalorien pro Portion!

ISBN 978-3-7459-2198-4

# DANK

Ich bedanke mich bei meinen Volontärinnen und all meinen Praktikantinnen, die an diesem Buch mitgewirkt haben.

# IMPRESSUM

Bibliografische Information der Deutschen Bibliothek.

Die Deutsche Bibliothek verzeichnet diese Publikation in der Deutschen Nationalbibliografie. Detaillierte bibliografische Daten sind im Internet über http://www.dnb.de/ abrufbar.



Bei Fragen zur Produktsicherheit wenden Sie sich an
Edition Michael Fischer GmbH
Kistlerhofstr. 70
81379 München
kontakt@emf-verlag.de



EIN BUCH DER EDITION MICHAEL FISCHER

2. Auflage 2025



Autorin: Dagmar von Cramm

Fotos: Dagmar von Cramm by Ina Berdich

mit Ausnahme von:
S. 13 DGE-Ernährungskreis, Copyright: Deutsche Gesellschaft für Ernährung e. V., Bonn 2024
© Shutterstock: Lyudmila Zavyalova (18 li), SherSor (18 re), krolikova (19 li), NatalyaBond (19 re)
Illustrationen © Shutterstock: Cover und S. 1 Naty_Lee; Frühling: flowersmile, Sommer/Herbst/Winter: Pakkad Sah; S. 214–215 Number1411, Ksusha Dusmikeeva, lineartest-pilot, Ksenia Zvezdina, NotionPic, Hannah Valui, noicherrybeans;

Cover, Layout & Satz: Janine Kühnle

Redaktion und Lektorat: Ulrike Reihn-Hamburger

ISBN 978-3-7459-2524-1

Gedruckt bei PNB Print SIA „Jansili“, Silakrogs, Ropazu novads, LV-2133, Lettland

www.emf-verlag.de